Jana Wobo

In Liebe vereint

Der Weg zur erwachten, wilden Frau

www.tredition.de

© 2016 Jana Wobo
Umschlag, Illustration: Jana Wobo

Verlag: tredition GmbH, Hamburg

ISBN
Paperback   978-3-7345-3861-2
Hardcover   978-3-7345-3862-9
e-Book   978-3-7345-4649-5

Printed in Germany

www.tredition.de

Über dieses Buch

Dieses Buch entstand durch meinen tiefen Wunsch, etwas Wunderbares und Unvorstellbares mit der Welt zu teilen. Ich durfte in den letzten drei Jahren eintauchen in das Geheimnis bedingungsloser Liebe. Und auch, wenn Worte kaum das wiedergeben können, was ich, ebenso wie bereits viele andere Frauen, erleben durfte, so ist dies hier der Versuch, Euch ein Stück weit mit auf diese unglaubliche Reise zu nehmen.

Wer sich auf den Weg in die bedingungslose Liebe begibt, wird erleben, dass sein gesamtes Leben komplett auf den Kopf gestellt wird und dass es zig Täler zu durchwandern gilt.

Aber letztlich führen diese Täler alle irgendwann auf einen Gipfel. Ein Gipfel, der unermesslichen Wert besitzt für denjenigen, der den Weg hierauf geschafft hat!

Viel Freude beim Lesen!

Jana Wobo

Für Dich, mein Herz!

Inhaltsverzeichnis

Einführung

I Der Weg der erwachten, wilden Frau

II Hilfe auf dem Weg

III Grenzenlos

-Erkennen
-Nachwort

Einführung

Beginnen wir mit einem kleinen Märchen zur Einstimmung:

Es war einmal eine liebreizende Prinzessin, die von jedermann gern gemocht wurde, denn sie las jedem, der ihr begegnete, die Wünsche von den Augen ab.

Diese Gabe brachte ihr unzählige scheinbare Freundschaften ein und ihre Eltern waren stolz auf ihre Tochter, da sie allen mit ihrer Tugend schmeichelte und so für Wohlgefallen sorgte.

Ihr ganzes junges Leben lang wohnte die Prinzessin in einem prunkvollen Schloss an der Seite ihrer königlichen Eltern. Diese liebten sie so sehr, dass sie sie aus Angst, es könne ihr irgendjemand ein Leid antun, in einem Turm unterbrachten, von dessen Außentür es nur einen einzigen Schlüssel für das Schloss gab. Diesen verwahrte der Königsvater unter seinem Kopfkissen, damit niemand an ihn herankäme. Der Turm bestand aus purem Gold und all der Besitz der Prinzessin bestand aus den teuersten und feinsten Waren, die man sich nur vorstellen konnte. Ihre Eltern hatten wirklich nur das Beste für ihre Tochter im Sinn.

Sie schien alles in ihrem Leben zu haben, was manch einer sich wünschte. Und doch war ihr Herz leer und einsam. Sie fragte sich, ob sie jemals einem Prinzen begegnen würde, der ihr ausgehungertes Herz zu füllen vermögen würde.

Und als sie die Hoffnung schon fast aufgegeben hatte, da passierte das schier Unfassbare: sie begegnete auf einem Hoffest dem Prinzen ihrer Träume und baute all ihre Hoffnungen auf ihn. Er würde ihr sein Herz zu Füßen legen und sie aus ihrem einsamen Turm befreien.

Zunächst schien es auch tatsächlich so. Der Prinz warb um sie und gestand ihr unter dem Turmfenster all seine Liebe. Doch plötzlich schien sich ein Fluch auf die zarte Liebe zu legen und der Prinz rannte wie blind geworden davon.

Da saß sie nun, einsam in ihrem goldenen Turm, und wusste weder ein noch aus. Wie sollte sie ihr Leben jemals weiterführen ohne ihren Prinzen?! Das Herz der Prinzessin war entzwei gerissen worden und ihre jugendhafte Schönheit schwand von einem Augenblick auf den anderen dahin.

Sie hatte sich bereits fast in ihr Schicksal ergeben und wäre beinahe elendig zugrunde gegangen, als wie durch Zauberei eine alte Frau in ihrem Turm erschien. Ihre Gestalt war furchterregend und ihr Herz schien wie aus Stein. Doch fesselte ihre Erscheinung die Prinzessin auf eine Art und Weise, die sie sich selber nicht zu erklären wusste.

Die Alte versprach der Prinzessin, ihr ihren Geliebten zurück zu bringen, wenn sie ihr eine Zeitlang dienen würde.

Die Prinzessin zögerte zunächst, denn der Anblick der Alten erschreckte sie zutiefst. Doch die Liebe in ihrem Herzen, die sie für ihren Prinzen empfand, war stärker als die Angst vor dieser Kreatur. Also willigte sie ein und ergab sich ihrem Schicksal.

„Aber wo ist mein Prinz?", wollte die Prinzessin von der Alten wissen. Denn sie wusste insgeheim, dass sie es war, die auch ihn fortgebracht hatte.

„Mach Dir keine Sorgen, schönes Kind. Ich habe Deinen Prinzen an das andere Ende der Welt gebracht. Von dort aus muss er sich alleine auf den Weg zu Dir begeben. Wenn seine Liebe für Dich stark genug ist, so wird er Dich wiederfinden. Wenn nicht, wird er auf ewig blind, hungrig und durstig durch die Wälder irren und eines Tages den Wölfen zum Fraße dienen."

Die Alte lachte verholen, packte die Prinzessin und nahm sie mit sich in die Tiefen des Waldes, wo sie ihr Zuhause hatte.

Viele Tage und Nächte vergingen, in denen die Prinzessin die niedersten Aufgaben zu verrichten hatte. Unzählige Tränen hatte sie vergossen, wenn die Alte Dinge von ihr forderte, die ihre zarten Kräfte überstiegen. Aber dann dachte sie an ihren Prinzen und sogleich schienen ihr die schweren Aufgaben etwas leichter von der Hand zu gehen. Manchmal, so hatte sie das untrügliche Gespür, konnte sie ihren Prinzen deutlich vor sich sehen oder seine Stimme hören. In ihren Träumen schien er ihr zuzuflüstern, dass er ohne Unterlass den Weg zu ihr suchen und auch finden würde. Und die Prinzessin erkannte, dass ihr Prinz bereits ganz nah war, auch, wenn sie ihn noch nicht deutlich vor sich sehen konnte. Aber sie fühlte, dass ihre Herzen miteinander sprachen und sich gegenseitig halfen, sich bald wiederzufinden.

In der Zwischenzeit gewöhnte sich die Prinzessin immer mehr an den Anblick der Alten. Sie wuchs in ihrer Gegenwart zu einer wilden Königin heran, die das Wissen über alles Leben und Sterben in sich aufnahm, die die Kräfte der Natur für sich zu nutzen wusste und die die Sprache allen Lebens in sich trug.

So war sie eines Tages stark genug, um der Alten ins Gesicht zu blicken und ihr folgende Worte entgegenzubringen: „Ich danke Dir für alles, was Du mich gelehrt hast. Ich werde Dich immer in meinem Herzen tragen. Aber nun ist die Zeit für mich gekommen, wieder in das Schloss meiner Eltern heimzukehren, wo mein Prinz um meine Hand bitten kann, sobald er zurückkehrt."

Die Alte war nicht schockiert über den Wunsch der wilden Königin. Sie wusste, ihr Herz war nun stark genug, um dem Prinzen in wahrer Liebe zu begegnen, ohne die Erwartung, dass er sie doch retten möge.

Das Geschenk der weisen Alten an die wilde Königin war die Erkenntnis, dass sie niemand anderes brauchte, um sie glücklich zu machen. Sie wusste nun, dass ihr leeres und einsames Herz hier in den dunklen Wäldern der Alten zu neuem Leben erwacht war, lebendig und lichtdurchflutet, wie ein kostbarer Diamant. So leuchtend schön, wie sie nun war, würde sie wahre Freunde und pure Freude in ihrem Leben willkommen heißen und die Mauern ihres elterlichen Turms in einen gläsernen Palast verwandeln. Und die unermesslich hellen Strahlen, die ihr dankbares Herz nun aussandten, würden zudem ihrem Prinzen auch auf den letzten Meilen seines Weges helfen, sie tatsächlich wiederzufinden. Wäre er auch blind, so würden die Strahlen sein Innerstes durchfluten und ihn zu ihr zurück bringen. Denn sie wusste, dass hier die wahre Liebe am Wirken war und diese konnte jedes Hindernis überwinden.

Und so geschah es. Als die Prinzessin, die mittlerweile zu einer schönen, wilden Königin erwacht war, in ihr elterliches Schloss zurückkehrte, wurde sie mit Liebe und Dankbarkeit zu Hause empfangen. Ihr Vater, der vor Sehnsucht die bittersten Tränen über den Verlust seiner Tochter vergossen hatte, holte den Schlüssel unter seinem Kopfkissen hervor und übergab ihn der wilden Königin, damit sie ihn zu dem gläsernen Palast umbauen konnte, den sie sich wünschte.

So schienen die Strahlen ihres Herzens Tag und Nacht durch das Glas in alle Richtungen, um ihren Prinzen in seinem Herzen zu berühren und ihn zu ihr nach Hause zu führen. Zudem sang ihr Herz eine Melodie, die den Prinzen bis ins Mark berühren würde. Und da dauerte es nicht mehr lange, dass der Prinz wie von Zauberhand eines Tages vor ihrer Tür erschien, blind, hungrig und völlig entkräftet. Als die wilde Königin nun die Türe öffnete, lag er wie tot auf ihrer Schwelle und es schien, als wäre alle Hoffnung verloren. Mit all ihrer Liebe beugte sie sich über ihren Geliebten und sah, dass ihm Tränen aus seinen blinden Augen flossen. Da wusste sie, dass er nicht tot war und unweigerlich rannen auch ihr Tränen aus den Augen. Diese benetzten die Augen des Prinzen und erfüllten sie mit neuer Sehkraft. Alsbald vereinten sich die Tränen der beiden Liebenden miteinander und der Prinz erstarkte zu einem *wahrer König. Und so erwuchs bald der Mut in ihm, den König und die Königin um die Hand ihrer wilden Tochter zu bitten.*

Diese waren überglücklich und gaben ein großes Fest zu der Vermählung ihrer Tochter. Viele Menschen von Nah und Fern kamen zu der Feier, um sich mit dem wilden Königspaar zu freuen. Auch die weise Alte zählte zu den geladenen Gästen, denn sie hatte unermesslichen Reichtum über dem Paar ausgeschüttet. Einen Reichtum, den Beide erst auf ihrem individuellen und steinigen Weg erkennen konnten.

Von nun an erzählten sich alle Menschen im Königreich immer wieder die wunderbare Geschichte von der wilden Königin und ihrem wilden König, deren Herzen für immer und ewig aneinander gebunden waren. Sie lebten respektvoll in Liebe glücklich und zufrieden miteinander, ohne sich gegenseitig zu (miss)brauchen.

Liebe ohne Grenzen

Es gibt eine Liebe zwischen zwei Menschen, die entwickelt sich auf eine ganz andere Art als die meisten Beziehungen, die wir kennen. Diese Liebe ist eine große Herausforderung, weil sie Dich und Dein ganzes Sein verändert und alle Grenzen sprengt, die die Gesellschaft der Liebe, dem Leben und sich selbst auferlegt hat.

Bereits bei der ersten Begegnung mit diesem Menschen spürst Du, dass sich Dein Leben von nun an komplett verändern wird. Dein Verstand scheint völlig verwirrt zu sein, Deine Sinne sind wie benebelt und Dein Herz schlägt intensiver und schneller als jemals zuvor in Deinem Leben.

Von nun an wirst Du mit den höchsten Höhen und den tiefsten Tiefen in Dir konfrontiert werden. Und das meine ich genauso, wie ich es schreibe. Denn alles, was Du bisher in Deinem Leben über die Liebe und das Leben selbst gelernt und erfahren hast, will nun genauer betrachtet und hinterfragt werden. Diese Liebe versöhnt Dich nämlich mit Dir selbst, lässt Dich nach und nach Deinen eigenen Wert erkennen und schenkt Dir eine immense innere Freiheit. Du kannst und wirst Dich dagegen wehren und versuchen, alldem irgendwie zu entkommen, weil es mitunter wirklich grauenerregend ist, was Du (besonders innerlich) erlebst und was Dein Partner Dir scheinbar schlimmes antut. Aber Du wirst immer wieder feststellen, dass es kein Entrinnen gibt. Diese Liebe ist einfach stärker als alle Deine Befindlichkeiten und wird nicht mehr weichen! Sie ist und bleibt bei Dir, denn sie lebt in Deinem Herzen und erfüllt Dein ganzes Sein mit einer Lebendigkeit, die Du Dir niemals zuvor auch nur ansatzweise erträumt hast!

Die Liebe zu diesem besonderen Menschen sorgt dafür, dass Du Dich selber kennen- und lieben lernst. Ihr werdet Euch gegenseitig immer und immer wieder aufzeigen, was in Euch selber nicht heile ist. Ihr habt Euer Leben lang gelernt, dass Liebe an Bedingungen geknüpft ist und habt den Glauben vermittelt bekommen, dass Ihr als eigenständiges Wesen nicht existieren könntet. Ohne einen Partner an der Seite werdet Ihr in der Gesellschaft regelrecht zu Außenseitern und da Ihr das auf keinen Fall sein wolltet, seid Ihr alle möglichen Kompromisse eingegangen und habt Euch so immer wieder auf den nächstbesten Partner eingelassen, der sich anbot. Oder aber Ihr bliebt allein und miedet den Kontakt zu der Gesellschaft weitgehend, um ihren vernichtenden Urteilen zu entkommen.

Aber die wahre Liebe stellt eben keinerlei Bedingungen, sie lässt jedem seinen freien Willen, seine eigenen Entscheidungen und sein ganz individuelles Leben. Sie weicht nach und nach alle inneren Grenzen in Dir auf, die Dir jemals vermittelt und gesetzt wurden und lässt Dich so mehr und mehr zu einer freien, schillernden Persönlichkeit werden, die einem geschliffenen Diamanten gleich kommt.

Aber dieser Prozess verlangt etwas ganz wesentliches von Dir: nämlich Deine **unermüdliche Geduld** mit Dir selber und Deinem Partner, **Zeit** und eine immer ausgedehntere **Hingabe** an das Leben selbst. Und das lässt diesen Prozess zu einer immensen Herausforderung werden. Zudem wirst Du auch immer wieder mit den gängigen Denkweisen der Gesellschaft konfrontiert und musst Dich davon ein ganzes Stück weit isolieren. Erst wenn Du das wunderbare Geschenk dieser Begegnung mit diesem besonderen Menschen in all seinem Ausmaß erkannt und angenommen hast, wirst Du wirklich verstehen können, was wahre Liebe ausmacht!

Dieses Buch beschreibt die weiblichen Vorgänge auf dem Weg in die bedingungslose Liebe, die die männlichen Prozesse unweigerlich mit sich ziehen. Ich selber habe diese Vorgänge allesamt durchlebt, bin durch unzählige Facetten der Liebe von Grund auf gereinigt und absolut geläutert worden. Viele Male stand ich innerlich an einem Punkt, an dem ich mich entscheiden musste, in mein altes, sicher geglaubtes Leben zurück zu kehren und mich den gängigen Regeln und Grenzen der Gesellschaft auszuliefern oder doch den Mut zu fassen, diesen neuen, unbekannten Weg weiter zu gehen. Und ich bin weiter gegangen – durch Schmerz, Angst und Unsicherheit. Aber auch durch Freude, Staunen und Lebendigkeit.

Es hat etwas unglaublich befreiendes, wenn Du über Dich selber hinauswächst und ganz nebenbei feststellen darfst, dass auch Dein Partner seine eigenen Grenzen sprengen kann, sofern Du die bereits erwähnten Voraussetzungen für diesen Prozess erfüllst. Denn nur so gelangt auch er an sein eigenes Inneres und an seine tiefsten Wunden! Das ist der Dienst der Liebe(nden).

Natürlich kann dieses Buch nur ein paar Eindrücke und Impulse vermitteln und nie einen gesamten Ratgeber darstellen, da jeder seinen eigenen Weg verfolgen muss. Aber das ein oder andere kommt Dir beim Lesen vielleicht bekannt vor und Du kannst es irgendwie für Dich nutzen. Und meine Wahrheit muss auch nicht Deine Wahrheit sein! Wir alle sehen die Welt in etwas anderen Farben und eben diese Tatsache macht das Miteinander manchmal scheinbar so schwierig. Im Endeffekt ist es aber eine Bereicherung, denn wir können uns in vielen Dingen einfach ergänzen und von dem Wissen anderer profitieren – sofern wir uns darauf einlassen wollen.

Und so verschieden wir alle sind, tragen wir doch alle die gleiche Sehnsucht in uns: **bedingungslose Liebe zu erfahren!**

Einfach anders

Eigentlich hast Du es immer schon gewusst, es deutlich gespürt und zu spüren bekommen: Du bist anders. Anders als Dein Umfeld. Du hast Dein bisheriges Leben lang gedacht, dass mit Dir etwas nicht stimmen kann, denn Du wolltest einfach nicht in all die vorgegebenen Normen passen, warst immer irgendwie eine Außenseiterin. Gerade in Deiner Jugendzeit fühlte sich das keineswegs gut an, weil es Dir gerade im pubertierenden Alter immer bewusster wurde.

In diesem Alter werden wir von einer entscheidenden Lebensphase in die nächste katapultiert. Wir wachsen quasi aus unseren Kinderschuhen heraus und entwickeln uns langsam zu erwachsenen Persönlichkeiten. Und wir wissen es bestimmt nicht bewusst, aber etwas daran erschreckt uns zutiefst, denn plötzlich ist alles anders.

Während scheinbar alle anderen Jugendlichen um Dich herum keinerlei Probleme damit zu haben schienen, fühltest Du Dich innerlich immer unwohler, immer ausgegrenzter und hattest keine Ahnung, woran das liegen könnte. Besonders in Liebesangelegenheiten spürtest Du Deine Andersartigkeit zusehends und es drückte Dich förmlich nieder. Während die Mädchen um Dich herum ihre ersten Erfahrungen mit einem festen Freund machten, warst Du noch immer auf der Suche nach dem „Richtigen". Vielleicht gab es den ein oder anderen Jungen, der Dir gefiel, aber er war nie so, wie Du Dir das als Kind immer ausgemalt hattest. Du spürtest schon als kleines

Mädchen sehr genau, dass es jemanden gibt, der perfekt zu Dir passen würde. Du hattest auch die Vorstellung davon, dass es tatsächlich nur EINEN Richtigen geben würde.

Und diesen EINEN suchst Du seither. In Deiner Phantasie hast Du Dir bereits alles bis ins kleinste Detail vorgestellt. Es soll so sein, wie Du es bereits in zig (Bilder)Büchern gelesen oder in vielen Fernsehfilmen gesehen hast. Der perfekte Mann würde Dir sein Herz zu Füßen legen, Ihr würdet heiraten, gemeinsame Kinder zeugen, einen Hund haben und glücklich bis ans Ende aller Tage in einem hübschen Haus zusammen leben.

Während Du nun in Deiner Pubertätszeit langsam in Deine, zumindest körperliche Weiblichkeit, hineinwuchst, hieltst Du bereits permanent Ausschau nach genau dem Jungen, der sich wohl für die Erfüllung Deines Traums eignen würde.

Die Jungs, die sich für Dich interessierten, die wolltest Du nicht, sie waren entweder zu langweilig, sahen nicht gut genug aus oder entsprachen auch sonst nicht Deinen Vorstellungen. Und wenn dann mal jemand auftauchte, den Du mochtest, den Du zu Deinem Prinzen ernennen wolltest, so wollte er Dich nicht. Die Ablehnung schmerzte tief in Dir und Du entwickeltest die ersten Strategien, wie Du „Deinen Prinzen" vielleicht doch noch von Dir überzeugen könntest. Natürlich scheiterte es kläglich und mit jedem Jahr, das verging und Du noch immer nicht den Mann gefunden hattest, der Dir all seine Liebe geben und Dich endlich glücklich machen würde, verkümmertest Du innerlich immer ein wenig mehr. Dein Selbstwert sank mehr und mehr in den Keller und die

Tatsache, dass irgendetwas an Dir anders war als bei anderen Mädchen, ließ Dich immer unglücklicher werden. Und nun, als Frau, bist Du fest davon überzeugt, dass Du einfach nicht liebenswert genug bist, denn die Suche nach dem perfekten Partner hält noch immer an.

Deine Freunde und Familie animieren Dich regelmäßig, mehr auszugehen, Dich mehr um einen Mann zu bemühen, denn sie können es kaum ertragen, dass Du noch immer Single bist oder nur „komische" Typen an Deiner Seite hast. Sie alle wollen, dass Du endlich, so wie sie, in die Gesellschaft passt.

Natürlich meinen sie es nur gut mit Dir, aber durch all ihre gut gemeinten Ratschläge, steigt nun der Druck in Deinem Inneren, Dir noch akribischer einen Mann angeln zu müssen, noch weiter an.

Später wirst Du erkennen, dass Deine Andersartigkeit ein unglaubliches Geschenk ist.

Ja, es ist hart, sich aus den Zwängen der Gesellschaft zu lösen. Und nicht jeder ist dazu bestimmt. Es muss auch immer Menschen geben, die sich gut in all die Normen integrieren lassen. Sie bieten ihnen eine scheinbare Sicherheit, die sie für ihr tägliches Leben brauchen. Aber es muss auch immer diejenigen geben, die sich aus jeglichen Fesseln lösen und den Sicherheitsliebhabern andere Wege und Möglichkeiten aufzeigen. Vielleicht braucht es immer ein bisschen von beidem. Nein, nicht vielleicht, sondern bestimmt. Denn es ist auch wichtig, dass wir imstande sind, ein Leben in einer Gemeinschaft führen zu können. Die Frage ist nur, wie viel vorgepresste Normen es dafür tatsächlich braucht und wie viel Einzigartigkeit zugelassen werden kann. Wir sollten toleranter miteinander umgehen und uns an der Individualität jedes Einzelnen freuen.

Im Grunde sind wir nämlich alle anders ;-) Die einen können sich nur besser anpassen als die anderen, aber jeder trägt eine ganz besondere Individualität in sich.

So lange Du das aber noch nicht erkannt hast, schmerzt es ganz gewaltig in Dir, denn Du hältst Deine Andersartigkeit für einen Fehler. Und das ist auch kein Wunder, denn wie oft hast Du schon Sätze in Deinem Leben gehört wie: „Das tut man nicht.", „Das kannst Du nicht." „Das darfst Du nicht." „Dafür bist Du nicht hübsch genug". „Andere können das besser.", etc. Mit jedem einzelnen solcher Sätze, die Du zumeist von Menschen zu hören bekamst, die Dir besonders nahe standen, schrumpfte Deine innere Stärke mehr und mehr und Du bewertetest Dich irgendwann unweigerlich selbst als nicht liebenswert.

Auf Deinem Weg in die ursprüngliche Weiblichkeit, der Dir nun bevorsteht, darfst Du mit jedem Schritt mehr, den Du Dich voran wagst, erkennen, dass Dein Gefühl, welches Du als kleines Mädchen hattest, genau richtig war. Du wusstest einfach, dass es ein passendes Gegenstück zu Dir gibt und das fühlte sich für Dich so perfekt an und Du hattest keinerlei Zweifel daran. Gleichzeitig wuchst Du aber in einer Gesellschaft heran, die passgenaue Vorstellungen von so einer Liebesbeziehung hat und für dieses Schema suchst Du nun also nach genau dem Mann, der aus der Sicht der Gesellschaft perfekt erscheint.

Hier beginnt also die Suche nach einem Mann, der all Deinen Erwartungen entsprechen muss und Dir quasi jeden Wunsch von den Augen ablesen soll. Du bist in die Falle der bedingten Liebe gerutscht, die aber Deiner wahren Sehnsucht nach Seelentiefe und wirklicher Liebe nicht entspricht. Aber das weißt Du natürlich nicht. Was Dir auch nicht bewusst ist, ist die Tatsache, dass kein Mann der Welt alle Deine Erwartungen überhaupt erfüllen könnte. Diesen Gedanken trägst Du aber schon lange Zeit unweigerlich in Dir, weil es Dir immer irgendwie vorgegaukelt wurde. Du willst also endlich jemanden, der Dich genauso liebt, wie Du eben bist und als Beweiserbringung soll er Dir in allen Belangen entsprechen.

Nach dem Prozess, der jetzt, mit der Begegnung Deines „Gegenstücks" auf Dich zukommt, erkennst Du aber, was für ein Irrsinn das ist. Du brauchst als erwachte, wilde Frau keinen anderen Menschen mehr, der Dir permanent verdeutlicht, was Du wert bist, denn Du hast dann Deinen Wert selber gefunden!

Du weißt bisher auch nicht, dass Du den „perfekten" Partner nicht suchen musst, bzw. kannst. Wenn der Zeitpunkt richtig ist, dann führt Gott Dich mit einem solchen passenden Gegenstück zusammmen. Viele nennen einen solchen Menschen auch Seelenpartner. Und so ist das wohl auch, denn Ihr spürt regelrecht die Verbindung Eurer Seelen in Euren Herzen.

Wenn Du also irgendwann plötzlich Deinem „Seelenpartner" gegenüberstehst, weißt Du tief in Dir, dass dieser Mann genau der Mann ist, von dem Du als kleines Mädchen immer geträumt hast. In Dir entzündet sich sofort die Vorstellung, dass dieser Mann Dich glücklich machen wird bis ans Ende Deiner Tage. Davon bist Du fest überzeugt. Und auch er hegt denselben Traum wie Du und ist sich sicher, dass Du die Erfüllung all seiner Träume bist.

In gewissem Maße ist das auch so. Allerdings nicht so, wie unsere Gesellschaft und Ihr das von einer Partnerschaft erwartet. Diese Partnerschaft lebt aus der Andersartigkeit heraus. Ihr geht den Weg Eurer Seelen und dafür braucht es eine Menge Mut. Den Mut, sich zunächst einmal selber zu lieben und anzunehmen, so, wie Ihr eben seid. Auch – und gerade in dem Bewusstsein darüber, dass Ihr eben anders seid, als das Umfeld es von Euch erwartet.

Dieser Mensch macht Dich letztendlich so überaus glücklich, weil er Dir hilft, Dich aus all Deinen Mustern und Verstrickungen zu befreien. Im Umkehrschluss gilt das gleiche auch für ihn. Und wenn Ihr beide in Eurer eigenen Fülle angelangt seid, dann steht einer gemeinsam gelebten Liebe auch nichts mehr im Weg. Und dennoch ist es kein MUSS mehr! Alles ist nun möglich, eben weil Ihr anders seid ☺

All der innere Druck, den Du Dir jahrelang von anderen hast auferlegen lassen, darf nun Stück für Stück abgebaut werden. Du verstehst, dass Deine Andersartigkeit nichts mit vermeintlichen Fehlern zu tun hat, sondern einfach ein Geschenk Gottes ist! Du beginnst, Deine eigene Wahrheit zu leben, egal, was andere Menschen davon halten.

Du genießt Deine neue innere Freiheit, die Dir diese Liebe schenkt und lebst Dein Leben so intensiv, wie Du es nie für möglich gehalten hättest. Ebenfalls wirst Du Deine Stärken entfalten und lässt andere an Deinen Ideen und Deiner Kreativität teilhaben.

Viele werden Dich als eine Bereicherung für ihr eigenes Leben sehen, denn Du zeigst ihnen, dass viele Grenzen nur darauf warten, gesprengt zu werden. Aber es wird auch immer diejenigen geben, die Dich für Deine Andersartigkeit hart verurteilen werden. Der Unterschied zum Beginn Deines Weges ist aber dann, dass Dir diese Verurteilungen nichts mehr anhaben können. Denn das können sie nur solange, wie Du Deinen eigenen Wert noch nicht erkannt hast.

Jeder von uns trägt wahre Seelenwünsche, Herzenswünsche in sich. Aber viele Menschen halten es für unmöglich, diese für sich zu realisieren. Du aber wirst andere Erfahrungen machen. Du erkennst, dass das, was Deine Seele wirklich will, sich auch erfüllt. Sie wird so lange immer wieder um Deine Aufmerksamkeit werben, bis Du gar keine andere Wahl hast, als ihr zu folgen. Das gilt für alle Bereiche des Lebens, nicht nur für die Liebe.

Nimm Deine Art, anders zu sein, als großen Glücksfall an und werde DU SELBT! Erwecke die wilde, weibliche Frau in Dir und schöpfe aus Deiner Art zu SEIN! So wirst Du erleben, wie sich ein unglaubliches Glücksgefühl in Dir ausbreitet und Du mit beiden Beinen fest auf dem Boden stehst, und Dir gleichzeitig Flügel wachsen, die Dich zu Dir selbst erheben. Ab dann besitzt Du wirkliches Charisma!

Eine besondere Begegnung

Wenn Du dann eines Tages plötzlich einem Menschen begegnest, der sich schon beim ersten Augen-Blick in die Tiefen Deines Herzens lächelt, dann durchdringt eine Energie Deinen Körper, die sich magisch in Dir ausbreitet. Du siehst diesen Mann an (ich beschreibe hier, wie eingangs erwähnt, den weiblichen Prozess) und hast das Gefühl, die Zeit bleibt stehen. Du hast sofort das untrügliche Gespür, diesen Menschen schon seit Ewigkeiten zu kennen, obwohl Du ihm doch gerade das erste Mal in Deinem Leben gegenüberstehst. Und Du weißt augenblicklich, dass dieser Mann Dein passendes Gegenstück ist, Dein Seelenpartner. Diese Energien, die da plötzlich zwischen Euch entflammt werden, sorgen dafür, dass Du völlig verwirrt bist und Du keinen normalen Gedanken mehr fassen kannst. Solche Augen hast Du in Deinem ganzen Leben noch nie gesehen, so eine Stimme noch nie gehört, und Dein Herz hat augenblicklich das Gefühl, zu Hause angekommen zu sein. Und Du erkennst es sofort: **Dieser Mann, Dein Gegenüber, spürt genau das gleiche!**

Von diesem Augenblick an lässt es Dich keinen Moment mehr los, es zieht Dich wie magnetisch immer wieder zu ihm hin. Egal, ob auf realer Ebene oder in Gedanken. Von jetzt an begleitet Dich dieser Mensch, wo auch immer Du hingehst oder was auch immer Du tust und es gibt kein Entrinnen. Umgekehrt gilt dies genauso, das wirst Du ebenfalls immer wieder feststellen dürfen.

Mit dem rationalen Verstand ist dies einfach nicht zu fassen, geschweige denn zu erklären.

Wenn Du in seiner Nähe bist, löst es ein so unglaubliches Hochgefühl aus, dass Du förmlich durch den Tag schwebst. Für nichts anderes hast Du mehr Augen als für diesen Menschen. Und genau das wird mal mehr, mal weniger schnell zu einem sehr großen Problem – für Euch beide. Denn ist er nicht in der Nähe zerreißt es Dich bald vor Sehnsucht!

Vielleicht gelingt es Euch, Euch wirklich eine Zeit lang aufeinander einzulassen, denn auch er badet in dem erhabenen Gefühl, das sich in ihm genauso ausbreitet, wie in Dir. Und es ist anfangs auch immer wieder so, dass sich Eure Wege ständig kreuzen, ohne dass ihr das in irgendeiner Weise beabsichtigt. Es geschieht einfach. Und genau das muss auch so sein, damit ihr erkennt, dass wirklich eine besondere Verbindung zwischen Euch besteht.

Zudem werdet Ihr unglaublich viele Gemeinsamkeiten entdecken, die Euch auch ganz klar aufzeigen, dass diese Verbindung zwischen Euch nicht mit einer herkömmlichen Begegnung zu vergleichen ist. Manchmal ist es allerdings auch so, dass Ihr scheinbar gänzlich verschieden seid und trotzdem diese unbändige Anziehungskraft und Verbundenheit da ist!

In den Momenten, die Ihr zusammen verbringt, ist es, als würde die Zeit nicht existieren. Ihr seid einfach nur glücklich und genießt die Nähe zu Eurem Partner, ohne Euch Gedanken darüber zu machen, was morgen oder übermorgen ist. Alle Umstände, in denen Ihr Euch zu diesem Zeitpunkt befindet, verlieren an Bedeutung, denn Ihr wisst einfach, dass Ihr zusammen gehört, daran habt Ihr keinen Zweifel. Ihr sprecht oft auch sehr schnell von Liebe, denn tief in Euch wisst Ihr einfach, dass es genau das ist: LIEBE. Und Ihr meint damit nicht das Gefühl, verliebt zu sein, sondern etwas gänzlich anderes, etwas viel größeres, als Ihr es bislang kanntet. Aber Ihr wisst es einfach: DAS IST LIEBE!

Und trotz diesem Wissen, dass es sich hier um tiefe und erfüllende Liebe handelt, beginnt etwas in Eurem Inneren ganz klar und deutlich zu sagen, dass die Zeit für ein wirkliches gemeinsames Zusammenleben noch nicht da ist. Diese tiefgehenden und schier übermächtigen Gefühle für einander verwirren Euch zutiefst und Ihr denkt, dass das, was Ihr hier gerade erlebt, einfach nicht real sein kann! Es kommt Euch vor wie ein Märchen. Aber Märchen, das hat man Euch schon als Kinder beigebracht, sind nur Phantasiegebilde. Ihr könnt Euch nicht vorstellen, dass es tatsächlich einen Menschen gibt, der Euch genau so liebt, wie Ihr seid. Und genau da liegt auch das „Problem": Ihr haltet Euch in diesem Anfangsstadium noch für wenig oder auch gar nicht liebenswert, Ihr kennt Euren eigenen Selbstwert noch nicht. Ihr denkt fälschlicherweise, dass Ihr diese unglaubliche Liebe einfach nicht verdient habt. Ganz davon abgesehen, dass man sich Liebe nicht verdienen kann! Liebe Ist einfach. Sie verschenkt sich einfach an den anderen ohne etwas zurück zu erwarten und darf auch einfach als Geschenk angenommen werden, ohne selber etwas geben zu müssen!

Durch Eure großen Selbstzweifel kommt es nun immer mehr zu allerhand Missverständnissen zwischen Euch, lauter Verstrickungen, die unweigerlich dazu führen, dass Euch das Leben zunächst einmal wieder trennen muss.

Das Märchen, in welches Du hier eintauchen durftest, endet also so abrupt wie es begonnen hat.

Und Du bist Dir ganz sicher, dass es Deine schuld sein muss, dass es so weit kam. Denn Du hast gelernt, dass es immer einen Schuldigen für etwas geben muss und für so klein und unwert wie Du Dich bisher immer gehalten hast, ist für Dich ganz klar, dass Du wieder mal etwas so absolut falsch gemacht hast, dass dieser tolle Mann Dich wieder verlässt. Und all diese schrecklichen Schuldgefühle zwingen Dich jetzt förmlich in die Knie, Du scheinst unterzugehen in einem Meer von Emotionen und alles um Dich herum ist einfach nur noch abgrundtief schwarz! ...

Wenn wir jetzt aber mal genauer hinschauen, dann ist es auch in jedem Märchen, in dem es um die wahre Liebe geht so, dass sich die Wege der Liebenden an einem bestimmten Punkt in der Geschichte auch erstmal für eine ganze Zeit lang trennen und jeder ein ganzes Stück des Weges alleine weitergehen muss. In dieser Zeit müssen einige Hürden genommen werden, die einem eine Menge Mut abverlangen. Es muss einfach so sein, damit Ihr innerlich wachsen könnt und um überhaupt wirklich Liebesfähig zu werden. Am Ende führen diese Wege aber auch wieder zusammen und es heißt: ...*Und wenn sie nicht gestorben sind, dann leben sie noch heute glücklich und zufrieden miteinander...*"

Was heißt das nun für die Frau?

Ihr Frauen habt bisher noch nicht das in Euch erkannt, was Euer Partner sofort intuitiv und unbewusst bei Eurer ersten Begegnung gespürt und in Euch gesehen hat: **die wilde Frau!** Die wilde, zu sich selbst erwachte Frau liebt und lebt mit einer Intensität, die so gänzlich anders ist, als all die Rollenklischees, die die Gesellschaft uns Frauen auferlegt hat. Sie ist nicht ausschließlich lieb, brav und angepasst, sondern sie weiß, wer sie ist und lebt ihr Leben, wie es sich für sie gut und richtig anfühlt. Sie versteckt sich nicht, muss sich aber auch nicht in den Mittelpunkt drängen. Sie IST einfach, ruht in sich und nimmt das Leben so, wie es sich ihr präsentiert. Ihr Charisma bleibt unweigerlich niemandem mehr verborgen.

Die intuitive Erkenntnis eines Mannes bei der ersten Begegnung mit dieser Frau ist folgende:

Wenn Du Dich entscheidest, eine erwachte Frau zu lieben

Wenn Du Dich entscheidest, eine erwachte Frau zu lieben, musst Du verstehen, dass Du neues, radikales und herausforderndes Gebiet betrittst.

...

Wenn Du Dich entscheidest, eine erwachte Frau zu lieben, wird jeder Teil von Deiner Seele erwachen, nicht nur Deine Geschlechtsorgane oder Dein Herz.

...

Es ist bequem eine Frau zu lieben, die noch nicht ihre inneren heiligen Kräfte aktiviert hat, denn sie drückt nicht Deine Knöpfe. Sie fordert Dich nicht heraus. Sie wird Dich nicht zwingen, Dein höchstes Selbst zu werden. Sie wird nicht das Vergessene in Dir erwecken und auch nicht die dumpfen, ausgelagerten Seelenteile, die Dich auffordern, Dich zu erinnern, dass es mehr in Deinem Leben gibt, als das.

Ist das genug für Dich, dann akzeptiere das. Liebe sie mit Deinem ganzen Herzen, bleibe ihr treu und danke ihr jeden Tag für das Geschenk ihrer sanften, nicht bedrohlichen, weiblichen Gegenwart in Deinem Leben.

Ist das aber nicht genug für Dich – wenn Dein Herz, Körper und Geist nur Lust an einer „anderen Art von Frau" finden, der Wilden – dann wisse, Du stehst an der Schwelle einer Seelen-Änderungs-Transformation.

...

Liebst Du einmal eine Frau dieser Art, musst Du akzeptieren, dass Du die volle Verantwortung für all die Veränderungen in Deinem Leben die eintreten werden, übernehmen musst.

...

Sie wird Dich aufbrechen und aufreißen, so dass Dein grimmiges, leidenschaftliches Herz Dich halb verrückt macht vor Sehnsucht. Du wirst sie besitzen wollen, um sie zu gebrauchen und sie auf jeder Ebene zu durchdringen, so dass Deine männliche Essenz die ganze Welt gebrauchen und durchdringen kann – das gesamte Universum erleuchten mit Deiner ergebenen Liebe.

Sie wird Dich sehen, wie Du noch nie zuvor gesehen wurdest.

Sie wird Deine Bestrebungen, sie glücklich zu machen, unterstützen.

Sie wird all das Gute schätzen, dass Du tust, und alles Gute, das Du bist.

Sie wird nicht vor Deiner Dunkelheit davonlaufen, weil sie die Dunkelheit nicht erschreckt.

Sie wird Dich umarmen, küssen und zurück ins Leben lieben. Sie wird Worte sprechen, die Deine Seele versteht. Sie wird Dich nicht für Deine Fehler bestrafen.

Es ist ein gewaltiges Risiko, eine erwachte Frau zu lieben, weil es plötzlich keinen Ort mehr gibt, an dem Du Dich verstecken kannst. Sie sieht alles und damit kann sie Dich in einer Tiefe und Präsenz lieben, nach der sich Dein Herz und Dein Körper so lange gesehnt haben. So lange, so heftig… dass Du Dich fragen wirst, ob Du wirklich am Leben warst, all die Zeit, in der sie nicht da war.

…

Eine solche Frau zu lieben ist eine Wahl, die Deine Seele in Feuer setzt. Dein Leben wird nicht mehr dasselbe sein, hast Du einmal ihre Energie zu Dir eingeladen.

Nimm dieses Risiko auf Dich oder tritt einen Schritt zurück. Bleib bei einem normalen Mädchen und akzeptiere ein anderes, sicheres, bequemes und etwas ruhigeres Leben.

...

Auszug aus: Wenn Du Dich entscheidest, eine erwachte Frau zu lieben"

von

Sophie Bashford

Euer Partner hat also sofort intuitiv gewusst, dass ihm hier eine erwachte Frau gegenübersteht. Sie trägt bereits die Wildheit in sich, nur hat sie dies selber noch nicht bemerkt. Aber ihre wilde Seele hat ihr Herz bereits in Flammen gesetzt und möchte sich nun entfalten dürfen in all ihrer Schönheit.

Ihr seid Euch also begegnet, um die Liebe, die Ihr so dringlich sucht, zunächst einmal in Euch selber wieder zu finden. Denn Liebe und Selbstwert gehen Hand in Hand und wie der Name schon sagt, ist der Selbstwert der Wert, den Du Dir selber gibst. Und nur wenn Ihr Euren eigenen Wert erkannt habt, könnt Ihr auch Eure wilde, erwachte Seite leben. Aber dass das so ist, weißt Du vom Verstand her in diesem Moment nicht. Ihr könnt beide nicht verstehen, was hier gerade passiert und fühlt Euch einfach mit alldem überfordert.

Ihr werdet auf Eurem ganz individuellen Weg so viel über Euch, das Leben und die Liebe erfahren und lernen und dürft nach und nach erkennen, dass niemand an den Umständen, in denen Ihr Euch gerade befindet, schuld ist.

In den folgenden Kapiteln werde ich die verschiedenen Herausforderungen, die auf Dich zukommen werden, versuchen, so gut es geht, zu beschreiben.

Ab dem jetzigen Zeitpunkt ist in allererster Linie das Wichtigste, dass Du Dich ganz auf Dich und Deinen Weg konzentrierst. Und genau das ist bereits die erste wirklich große Herausforderung und Hürde. Denn wie ich bereits erwähnt habe, wirst Du diesen Mann, der sich nun auf seinem eigenen Weg, zunächst getrennt von Dir befindet, ständig in Gedanken haben und das zerrt oft an Deinen Kräften. Gleichzeitig ist es aber wie ein unsichtbarer Motor, der Dich innerlich mehr und mehr wachsen lässt.

Das, was Du nämlich in dem Moment Eurer ersten Begegnung sofort instinktiv gespürt und gewusst hast war, dass dieser Mann ein wahrer Krieger des Herzens ist. Eine wilde Seele genauso wie Deine. Und nun habt Ihr gegenseitig einen Stein ins Rollen gebracht, der alles verändern wird!

Eines ist jedenfalls glasklar: Diese Liebe zwischen Euch ist kein Märchen, kein Phantasiegebilde, sondern das schönste Geschenk, was Ihr Euch gegenseitig machen könnt. Von nun an seid Ihr miteinander verbunden – untrennbar!

I
Der Weg der er-
wachten, wilden
Frau

...

Kein Weg ist zu weit,
um dort anzukommen,
wo das Herz zu Hause ist

Loslassen

Bevor ich auf die Wichtigkeit des Loslassens für den beginnenden Prozess der Frauen eingehe, möchte ich zunächst eine allgemeine Einführung dazu vornehmen. Denn dieses Thema betrifft so viele Bereiche des Lebens und von vielen Menschen wird der Begriff des „Loslassens" immer wieder mit Verlust gleichgesetzt. Wenn Du aber erstmal auf Deinem Weg bist, wirst Du nach und nach immer mehr feststellen, dass es sich bei dieser Denkweise um einen Irrtum handelt. Loslassen bedeutet in allererster Instanz, den Widerstand gegen das Leben und das, was jetzt gerade, in diesem Augenblick ist, aufzugeben...

Irgendwann kommst Du in Deinem Leben an einen Punkt, an dem Du Dich entscheiden musst, ob Du Deinem Ego weiterhin blind folgen willst oder ob Du endlich beginnst, Deiner Seele und der Seelen Deiner Mitmenschen zu vertrauen.

Innerlich fühlt es sich an wie ein ständiges Ziehen und Zerren. Wenn Du es schaffst, für einen Moment wirklich alles loszulassen, an dem Dein kleines Ego so sehr festhalten möchte, spürst Du, wie sich eine unglaublich große Entspannung in Deinem gesamten Körper ausbreitet. Du kannst tief ein-und ausatmen und Du weißt einfach, dass alles auf dem richtigen Weg ist. Aber Dein Ego gibt nicht so schnell auf. Es hat Dich Jahrzehntelang immer wieder in Angstgedanken und Starre versetzt und Dich aus lauter Misstrauen zu kontrollsüchtigem Verhalten animiert. Es hat Dir vorgegaukelt, dass Du die Situationen und Menschen um Dich herum im Griff hättest, wenn Du die Kontrolle behältst und um alles und jeden kämpfen würdest.

Aber wenn Du mal genau in Dich hineinspürst und die letzten Jahre Revue passieren lässt, dann, so bin ich mir sicher, wirst Du feststellen, dass durch all Dein Misstrauen und zerren und ziehen nur alles noch viel schlimmer wurde und Du am Ende doch nie das bekommen hast, was Du Dir so sehr gewünscht hast.

Deine Seele hat all die Jahre versucht, Deine Aufmerksamkeit zu erhaschen, aber Du hast sie durch all Deine anerzogenen Muster einfach nicht wahrgenommen, sie regelrecht ignoriert. In der Gesellschaft zählte das Wissen der Seelen nichts, sondern stets nur die passenden Ego-Gedanken. Da Du aber gar nichts anderes kanntest, war es für Dich, ebenso wie für alle anderen, nur natürlich, Dein Leben auf Kontrollsucht statt auf Vertrauen aufzubauen.

Jeder Mensch hat da seine ganz individuellen Erfahrungen mit gemacht und nun stehen viele an einem Punkt, wo sie genau spüren, dass sie diese Art zu leben unfrei und unglücklich gemacht hat. Wir leben in einer Mangelgesellschaft. Die Mehrzahl der Menschen redet permanent davon, was ihnen alles bisher vergönnt war, was ihnen noch fehlt, um endlich mal glücklich zu sein oder wie schlecht alle Welt sie behandelt. Das beginnt schon morgens, wenn wir einen Blick in die Zeitung werfen. Das Hauptmerk liegt auf tragischen Ereignissen, Katastrophen und irgendwelchen Verbrechen. Und wieso ist das so? Weil die guten Dinge den Menschen häufig scheinbar einfach zu langweilig sind. Darüber lohnt es sich nicht zu sprechen – leider! Die meiste Aufmerksamkeit bekommen wir doch eher, indem wir uns in einen Opfertopf schmeißen und über unsere schlimme Kindheit, schreckliche Krankheiten, die Unarten unserer furchtbaren Nachbarn oder sonst irgendwelche bizarren Katastrophen austauschen. Auf dem Ohr hören die meisten sehr genau zu und können meistens noch ne Schüppe eigener schlechter Erfahrungen draufwerfen und sich im Mitleid der anderen „Opfer" suhlen.

Aber wieso sind wir so unfrei? Weil wir einfach nicht gelernt haben, was es bedeutet, Eigenverantwortung zu übernehmen! Wir leben das Leben, dass uns unsere Eltern, Großeltern, Lehrer, etc. aufgestempelt haben. Natürlich wollten sie uns damit nur ermöglichen, in dieser bereits kranken Gesellschaft überleben zu können. Eine Gesellschaft voller Erwartungen, Manipulationen und Ego-Masken.

Viele haben schon als kleines Mädchen eingetrichtert bekommen, dass sie jegliche Wünsche, Befindlichkeiten und Erwartungen ihrer Mitmenschen bereits im Schlaf erkennen und sich ständig um deren Wohlergehen kümmern sollten. Wie in einem Fleischwolf wurden sie immer und immer wieder daran erinnert, dass jegliche „Fehler", die sie in ihrer kindlichen Unbedarftheit begannen, mit Liebesentzug bestraft wurde. Die kleinen Mädchen wurden darauf gepolt, ausschließlich auf ihr Umfeld zu achten. Alle Menschen schienen ganz besonders wichtig zu sein – alle, bis auf sie selbst. Wie sie sich fühlten, was sie dachten, das war scheinbar unwichtig, zählte einfach nicht.

Irgendwann bist Du dann so sehr auf die Gesellschaft getrimmt worden, dass Du nicht einmal mehr selber weißt, was DU eigentlich willst, was DU fühlst, was DEINE Träume sind…

Und Du fühlst Dich nur noch wie ein Spielball, der nach einer gewissen Zeit stets ausgedient hat. Du machst und tust, Du legst Dich ins Zeug, kämpfst um ein kleines bisschen Glück und Aufmerksamkeit. Und dafür nutzt Du alle Strategien, die man Dir im Laufe Deines Lebens beigebracht hat. Du bist so hilfsbereit, nett und aufopfernd, dass es Dein Gegenüber schon fast erstickt und es die Flucht vor Dir ergreift. Und Du bist Dir sicher, dass Du noch immer zu wenig getan hast, zu wenig nett warst, etc. und versuchst es erneut mit noch mehr Aufmerksamkeit und Zuwendung. Aber es endet kläglich und Du bleibst mit einem furchtbaren Gefühl des Versagens zurück. Natürlich denkst Du, dass Du schuld daran bist, dass Menschen vor Dir fliehen, dass Du ständig nur Pech hast auf der Welt. Du fühlst Dich durch und durch wie ein Opfer! Und warum denkst Du das und fühlst Dich so? Weil Du keine Ahnung von Deinem eigenen Selbstwert hast, was für ein besonderer und wertvoller Mensch Du bist. Denn leider haben Dir Deine Eltern und weitere Bezugspersonen das nicht mit auf den Weg gegeben. Aber nicht, weil sie es schlecht mit Dir gemeint hätten oder sie Dich für wenig wertvoll hielten, nein, sie kannten schon ihren eigenen Wert nicht, weil er auch ihnen nicht vermittelt wurde. Auch sie wurden nur auf das Überleben in der Gesellschaft vorbereitet... Sie sind also nicht schuld daran, dass wir unseren Selbstwert einfach nicht kennenlernen konnten bisher.

Zurzeit stehen viele nun also an einer Grenze zwischen der Bedürfnisbefriedigung unserer Umwelt und unserer eigenen Bedürfnisbefriedigung, sprich, das Ego und die Seele testen gerade aus, wer denn nun die Oberhand in uns übernehmen soll.

Es wird keinen Gewinner geben in diesem „Kampf", denn letztlich geht es darum, beide Anteile in uns zu vereinen. Die Seele weiß einfach viele Dinge, die das Ego gar nicht erfassen kann und so eignet sie sich zwar hervorragend als primärer „Führer". Das Ego ist aber gleichzeitig ein großer Beschützer. Letztlich geht es dem Ego immer darum, uns vor Gefahren zu schützen und in dieser Aufgabe darf und sollte es auch weiterhin genutzt werden. Aber das Ego sieht eben überall Gefahren, auch da, wo im Grunde keine sind, deshalb eignet es sich für eine alleinige Führerposition eher schlecht.

Wenn wir es nun schaffen, diese beiden Anteile in uns zu vereinen, werden wir sowohl unsere eigenen wahren Bedürfnisse erkennen und danach handeln, als auch die **wirklichen** Bedürfnisse unserer Mitmenschen sehen.

Was macht es uns nun so schwierig, der Seele zu vertrauen und ihr einen größeren Raum in uns zur Verfügung zu stellen? Im Grunde ist diese Frage leicht zu beantworten. Es ist die fehlende Erfahrung, die wir bisher mit ihr sammeln durften. Jedes Mal, wenn wir vor einem Problem oder einer Entscheidung standen, haben wir ziemlich sicher erstmal nicht auf unsere Intuition gehört, sondern eher auf die Stimme, die gleich alles kritisch gesehen hat. Wir spielten die unterschiedlichsten Situationen in unseren Gedanken durch und je mehr wir uns in unseren Gedanken verstrickten, desto mehr Hindernisse sahen wir und Ängste wurden geweckt, die zunächst jedoch nur in unserer Phantasie real waren. Unser Ego hatte also ganz natürlich wieder das Ruder übernommen und unsere Seele untergraben. Aus all den vom Ego initiierten Ängsten entwickelten wir im Laufe unseres Lebens eine Art Schutzmechanismus, die Kontrolle. Wir dachten, wenn wir Menschen, Dinge und Situationen kontrollieren würden und könnten, dann würde schon alles gut gehen. Aber wenn wir mal ehrlich sind, ist es ziemlich anstrengend, ständig alles kontrollieren zu wollen. Es ist anstrengend, weil wir sehr genau merken, dass wir einfach keinerlei Kontrolle haben. Und doch wollen wir irgendwie unbedingt daran festhalten.

Nun haben viele in der jüngsten Vergangenheit schon ein paar Mal erleben dürfen, wie einfach und reibungslos ihr Leben verlief, wenn sie den Dingen einfach mal ihren natürlichen Lauf gelassen haben, ohne daran zu ziehen, ohne es kontrollieren zu wollen und ohne ständig auf die Meinung anderer zu hören. Etwas von dem permanenten Druck im Inneren fiel für eine gewisse Zeit von ihnen ab und sie genossen einfach diesen Fluss des Lebens.

Aber wie bereits erwähnt, gibt das Ego seine Position nicht so einfach auf, es hält immer wieder etwas entgegen, was in uns wieder die Angst schüren soll.

Wir alle haben beispielsweise Angst davor, geliebte Menschen zu verlieren. Besonders dann, wenn wir uns nicht permanent um sie bemühen, so, wie man es besonders den Mädchen immer wieder eingebläut hat. Um die Liebe, ganz besonders um die Liebe eines Mannes, musst Du kämpfen. Du musst Dich stets bemühen, dem anderen alles recht zu machen, sonst verlässt er Dich eines Tages sicherlich.

Und was haben wir kleinen Mädchen im Laufe unseres Lebens gelernt? Je mehr wir versuchten, einem anderen Menschen zu gefallen und ihm jeden Wunsch von den Augen abzulesen, umso schneller war er anschließend wieder aus unserem Leben verschwunden. Unsere Selbstzweifel wurden dadurch immer noch größer und wir fühlten uns klein und unwert.

Jetzt dürfen wir lernen, loszulassen und zu sehen, was passiert. Und genau das macht uns Angst, es macht uns unsicher, weil wir es einfach nicht kennen. Es ist ein unbekanntes Terrain, das wir betreten und bis wir uns dort sicher und aufgehoben fühlen, wird es noch eine Weile dauern. Denn unsere Seelen und unsere Herzen sind bereits vielen Verletzungen ausgesetzt gewesen und um zu heilen, braucht es eine große Portion Geduld, Zeit und Hingabe. Hingabe an das Leben. Und es braucht eine gehörige Portion Selbstvertrauen und

Selbstwert, denn es wird immer wieder „Spielverderber" geben, die uns lieber wieder in unserer kleinen, hilflosen und abhängigen Position sehen wollen.

Es ist also enorm wichtig, dass Du Dir immer wieder bewusst machst, was für ein wunderbarer Mensch Du bist. Nimm Dich an mit all Deinen Stärken und auch mit all Deinen Schwächen, denn das gibt Dir den nötigen Halt, den Du für den Schritt des **absoluten** Loslassens brauchst.

Loslassen fühlt sich zunächst oft sehr scheußlich an, denn Du wirst feststellen, dass sich eine ziemliche Leere in Dir breit macht und gleichzeitig auch eine sehr große Unruhe, weil Du das Gefühl hast, jetzt unbedingt etwas tun zu müssen – so, wie Du es bisher kanntest und tatst. Es fühlt sich vielleicht ein bisschen so an, als würdest Du Dich von der Welt abschneiden. Aber das stimmt so natürlich nicht. Du gibst nur die Kontrollsucht ab und dadurch strömen nochmal viele Verlustängste auf Dich ein. Nicht nur einmal, sondern für eine gewisse Zeit immer und immer wieder. Schließlich muss Loslassen immer mal wieder passieren, das ist ein natürlicher Zyklus im Leben, den wir bisher nur lieber ignoriert haben. Du wirst auch feststellen, dass Du diese Leere gerade am Anfang nicht immer einfach aushalten kannst und katapultierst Dich noch so manches Mal wieder in alte Verhaltensweisen zurück, kontrollierst hier und da immer noch ein wenig. Aber es wird immer ein bisschen weniger und es wird immer einfacher, weil Du feststellen darfst, dass Du nichts und niemanden wirklich verlierst. Die Menschen, denen Du wirklich wichtig bist, verlassen Dich nicht. Du bist immer mit ihnen verbunden, selbst wenn Ihr Euch vielleicht lange Zeit nicht seht oder nichts voneinander hört. In euren Herzen seid Ihr immer verbunden. Das erkennt Ihr nach und nach immer besser. Und so lernt Ihr immer mehr, Gott und dem Leben zu vertrauen. Alles und jeder, der Deinen Weg kreuzt, hat einen Sinn, immer! Loslassen bedeutet also keineswegs wirklichen Verlust!

Loslassen in (der) Liebe

Wie in jedem Bereich unseres Lebens verlaufen auch Liebesbeziehungen in Zyklen. Mit jedem neuen Zyklus möchte sich die Liebe mehr und mehr entfalten, immer ein Stück tiefer vordringen, dichter werden. Wie weit diese Entfaltung zugelassen wird, entscheidet jeder Mensch selbst – meist unbewusst. Denn hier kommt es darauf an, wie gut wir loslassen können…

Die Phasen der Liebe gehen ebenso vonstatten wie die Zyklen des Lebens selbst – ein Entstehen, Sein, Vergehen und Neuwerden. Es ist wie mit den Jahreszeiten. Im Frühling beginnt die Natur zu erwachen; im Sommer erblüht sie zu vollem Leben; der Herbst kündigt langsam, aber unaufhaltsam das Ende der Blütenpracht an und der Winter begräbt alles unter seinem kalten Deckmantel. Aber mit jedem Ende ist auch ganz gewiss, dass es einen Neubeginn, einen neuen Frühling, gibt. Bäume, Sträucher und so manche Pflanze wächst mit jedem Zyklus. Andere Pflanzen wiederum vergehen und machen nun neuen Pflanzen Platz.

Und so ist das auch in unseren Liebesbeziehungen. Wenn beispielsweise die erste Phase des oberflächlichen Kennenlernens vorbei ist, möchte die Liebe auf eine andere Ebene emporsteigen. Und um die nächste Phase erreichen zu können, ist es enorm wichtig zu verstehen, dass dafür zunächst ein

Loslassen geschehen muss. Sonst verdorrt die aufkeimende „Liebespflanze" und die Beziehung hat meistens keinerlei Chance mehr auf eine Fortsetzung. Aus Unwissenheit über diese naturgegebenen Abläufe scheitern hier bereits viele Paare, weil sie aus Angst den natürlichen Fluss des Lebens boykottieren. Sie versuchen, die Liebe auf der Ebene des oberflächlichen Kennenlernens festzuhalten, denn sie haben unbewusst oder auch bewusst Angst davor, dem Partner mehr von sich preiszugeben, sprich, auch die eigenen Unzulänglichkeiten und Macken aufdecken zu lassen.

Aber das Leben und die Liebe lassen sich nicht festhalten, nicht kontrollieren.

Gerade wir Frauen haben das Vertrauen in das Leben selbst, und somit auch in die bedingungslose Liebe verloren. Unsere innewohnende Intuition wurde uns bereits in der Kindheit immer mehr aberzogen. Sie wurde verschüttet unter den Erwartungshaltungen der Gesellschaft, die ihre eigenen Regeln und ihre eigene Definition von „Liebe" erstellt hat. Mit natürlichem Leben und wahrer Liebe hat dies aber nichts mehr zu tun.

Mit wahrer Liebe meine ich nicht die kleine, bedingte Liebe, die unserem Ego entspringt und die oft verwechselt wird mit emotionaler Abhängigkeit und Wunscherfüllung und die stets an ein Zusammenleben gebunden ist. Wahre Liebe, so erläuterte ich bereits anfangs, lebt bedingungslos und wunschlos in unserem Herzen. Sie lässt jedem Menschen seinen freien Willen und möchte einfach nur fließen.

Stell es Dir vielleicht vor, wie die Liebe einer Mutter zu ihrem Kind. Es ist egal, welches Verhalten ihr Kind an den Tag legt, wie es aussieht, sich kleidet, etc. Seine Mutter wird es im Herzen immer lieben, auch wenn es sein Verhalten oder die oberflächlichen Dinge, die scheinbar nicht passen, nicht duldet. Diese Liebe ist bedingungslos(Ausnahmen bestätigen auch hier die Regel)!

Die Seelen der Menschen haben sich Jahrzehnte, ja, sogar Jahrhunderte lang qualvoll unterdrücken lassen. Besonders die (wilden) Seelen der Frauen. Ihr von der Natur gegebenes weibliches Wissen, ihr sanftes und Leben gebärendes und nährendes Wesen wurde unterdrückt, beschmutzt und schamlos ausgenutzt. Hier denke man nur mal an die zahlreichen Hexenverbrennungen. Diese Frauen hatten eine untrügliche Intuition, ein naturgegebenes Wissen, mit dem sie beispielsweise imstande waren, Pflanzen und Kräuter zur Heilung diverser Krankheiten einzusetzen. Aber diese Frauen bereiteten vielen Menschen, insbesondere auch Männern, Angst, und man hielt sie für unberechenbar. Also mussten sie kläglich sterben, was natürlicherweise zur Folge hatte, dass Frauen zunächst ihr Wissen für sich behielten, statt es mit ihrem Umfeld zu teilen, bis sie ihre Intuition immer mehr verloren, sich selbst verloren, sich immer kleiner und unwerter zu fühlen begannen und sich schließlich dem Mann sang- und klanglos untergaben.

Dadurch entstand aber auch eine kranke Männlichkeit, die ihre Überlegenheit dem Weiblichen gegenüber mehr und mehr (meist auch eher unbewusst) ausnutzte und die bis heute nicht heilen konnte. Denn dafür braucht es nun einmal eine heile Weiblichkeit.

Nun scheint eine Zeit gekommen zu sein, in der sich immer mehr Seelen aus ihrem auferlegten Gefängnis befreien wollen. Viele Frauen scheinen hier einen Anfang zu machen, indem sie sich (noch sehr unbewusst) mutig auf neue Wege einlassen, die dem Rhythmus der Natur wieder zu vertrauen lernen. Und der Weg in diese Heilung geht ausschließlich über die Liebe – mit all ihren Zyklen. Und die Liebe kann nur dann eine Heilung erfahren, wenn wir lernen, loszulassen! Die Frauen, die sich hier nun auf diese große Aufgabe einlassen, tun dies nicht alleine. Sie brauchen dafür einen Partner, der ihnen hilft, sich auch wirklich mutig dieser Herausforderung zu stellen und diesen Weg bis zum Ende durchzuhalten. Denn wenn sie erfolgreich vorangeschritten sind, können auch die Männer aktiv ihren Weg beschreiten, um ebenfalls eine Heilung zu erfahren. Diesen aktiven Part können sie allerdings erst antreten, wenn die Frau wirklich gelernt hat, absolut loszulassen.

Die Begegnung mit diesem besonderen Menschen, die wir machen dürfen, führt uns also genau in diesen Prozess des Loslassens, der uns immer wieder viele Illusionen auf unserem Weg raubt, an denen wir so lange festgehalten haben.

Eure Seelen haben sich bereits beim ersten Augen-Blick erkannt und waren sich ihrer Aufgabe bereits sehr bewusst. Aber Euer Verstand kann all das einfach nicht fassen, deshalb seid ihr direkt so verwirrt. Es scheint Euch einfach unwirklich und zugleich fühlt Ihr aber diese Besonderheit zwischen Euch. Und so sehr Ihr vielleicht anfangs auch versucht, all das irgendwie zu verstehen oder eben auch, Euch davon zu lösen, desto mehr bemerkt Ihr, dass Ihr keinerlei Einfluss darauf habt, was da mit Euch geschieht. Ihr müsst und werdet Euch früher oder später also darauf einlassen.

So lernt die Frau nun als Erste nach und nach, alles loszulassen, was ihr im Leben und für die wahre Liebe nicht mehr dienlich ist.

Dieses LOSLASSEN geschieht dadurch, dass sie sich immer wieder mit einer ihrer größten Ängste auseinandersetzen muss, die sie tief in sich trägt: die VERLUSTANGST!

Verlustangst durchleben

Und plötzlich ist sie da: diese unbändige Verlustangst. Sie taucht bereits auf, sobald die erste Phase der Liebe zwischen Euch auf die nächste Stufe gelangen will. Bei den einen Paaren geschieht dies bereits nach wenigen Tagen, bei anderen kann es auch Wochen oder Monate dauern. Irgendwann aber stehen alle an dieser Schwelle. Du spürst, wie sich alles in Dir zusammenzieht, Du kaum atmen kannst und Deine Gedanken einfach nur noch völlig wirr sind. Bei diesem besonderen Menschen nimmt die Verlustangst Dimensionen an, die Dich an den Rand Deiner Erträglichkeit bringt. Es fühlt sich an, als würdest Du innerlich auseinandergezogen oder gar verbrennen, als könnte der Druck, der in Dir entsteht einfach nirgends entweichen. Und dieses Gefühl versetzt Dich in noch mehr Panik und Unruhe und Du überlegst nur noch, was Du dagegen tun kannst! Du willst diese Gefühle loswerden und suchst nach schnellstmöglichen Lösungen...

Ich bin mir sicher, dieses Gefühl kennt jeder von uns. Manche vielleicht etwas stärker als andere, aber wir alle wissen, wie es sich anfühlt, wenn sich diese scheinbar unkontrollierbare Verlustangst in uns ausbreitet. Und wir alle haben im Laufe unseres Lebens Strategien erlernt, die eine möglichst schnelle Abhilfe schaffen sollen. Männer und Frauen handeln dabei in der Regel genau konträr, was eine wirkliche Linderung zunächst nicht einmal ansatzweise erkennbar macht. Während wir Frauen in den meisten Fällen unserer Verlustangst entgegenwirken und dem Mann wie kleine unbeholfene Wesen hinterher hecheln, kann dieser gar nicht schnell genug ein Versteck finden, in dem er sich sicher zu wähnen glaubt. Er flieht vor seinen Gefühlen, ebenso wie vor den Gefühlen der Partnerin.

Wenn die Frau es in dieser und auch allen weiteren Übergangsphasen schafft, ein gewisses Vertrauen in sich, in den Mann und in die Liebe selbst zu entwickeln, wird das Erreichen der nächsten Stufe kaum ein großes Hindernis darstellen. Denn sie schenkt der Beziehung den Freiraum und das Vertrauen, das es braucht, um sich quasi ganz von alleine weiter zu entwickeln.

In vielen Fällen ist jedoch die Verlustangst so groß, dass das benötigte Maß an Vertrauen nicht entwickelt werden kann. Und bei dieser besonderen Liebe muss die Angst übermächtig sein, damit wir uns auch wirklich mit ihr auseinandersetzen und sie nicht einfach ignorieren können. Der Mann, dem wir da nun permanent hinterherrennen, wird uns so lange zurückweisen und vor uns fliehen, bis wir beginnen, ihn in Ruhe zu lassen, ihn also loszulassen. Denn nur so können und müssen wir uns mit dem Ursprung unserer Angst auseinandersetzen!

Woher kommt aber diese immense Angst? Es ist im Grunde die tief sitzende Angst, eine solche Liebe nicht zu verdienen, es sich selber nicht wert zu sein. Im Kopf einer Frau schwirren plötzlich die schlimmsten Gedanken und Vorwürfe herum, was sie wohl alles falsch gemacht haben muss, dass sich der Mann auf einmal von ihr zurück zu ziehen scheint, obwohl doch ganz offensichtlich war, dass er sie genauso liebt. Es sind oft nur kleine Nuancen der Veränderung, die sie an ihrem (neuen) Partner wahrnimmt. Und sofort bezieht sie alles auf sich, macht sich klein und beginnt, ohne sich darüber bewusst zu sein, förmlich um diese Liebe zu betteln. Es ist kaum vorstellbar, was eine Frau sich alles einfallen lässt, nur, um die altgewohnte Aufmerksamkeit des Mannes wiederzuerlangen. Zusätzlich beginnt sie, ihn immer mehr zu kontrollieren. Vielleicht, so denkt sie, hat er ja bereits eine andere Frau gefunden, falls er bisher ungebunden war, oder er hat die Gefühle für seine Ehepartnerin wiederentdeckt, etc. … Der Gedankenwust im Kopf der Frau wird ein immer dickerer Brei, der sie zu immer mehr Handlungen in seine Richtung zwingt. Und sie versteht nicht, dass genau das der Grund ist, weshalb der Mann sich immer mehr von ihr entfernt. Er möchte sein Leben nicht mit einer Frau teilen, die in irgendeiner Weise von ihm abhängig ist, schon gar nicht emotional.

Und im Grunde wollen wir das alle nicht. Denn Abhängigkeiten schränken uns in jeglicher Hinsicht ein. Diese beginnende Abhängigkeit der Frau führt in dem ganzen Gedankenchaos dazu, dass sie für alle anderen Themen in ihrem Leben den Bezug und ihre Leidenschaft für ihr eigenes Leben verliert. Sie sieht nur noch diese Partnerschaft dahin schwinden und findet keine innere Ruhe mehr, ehe sie nicht die alles entscheidende Lösung für sich gefunden hat. Doch unter diesen Umständen wird sie eine Lösung niemals finden.

Da wir im Laufe vieler Jahre verlernt haben, mit den Zyklen des Lebens zu gehen, verbauen wir uns so immer wieder die Chance auf Weiterentwicklung –auch und gerade in der Liebe. Wir haben ständig Angst, dass man uns einfach x-beliebig auswechseln kann, wie ein Paar Socken. Und natürlich stimmt das so nicht!

Da wir Frauen von klein auf gelernt haben, dass man um einen Mann kämpfen muss, damit er sieht und spürt, dass wir der beste Fang seines Lebens sind ;-) , lassen wir uns also nun alles Mögliche einfallen, damit er uns bloß nicht zurücklässt. Was, so geht es uns nämlich auch sofort durch den Kopf, sollen denn bloß unsere Familie, Freunde, Arbeitskollegen, etc. denken, wenn wir schon wieder einen Mann in die Flucht geschlagen haben. Die vielen guten Ratschläge und Sprüche wollen wir auf keinen Fall auch nur noch ein einziges weiteres Mal über uns ergehen lassen. Also strengen wir uns diesmal erst recht an, damit auch ja nichts schief geht.

Wir Frauen stehen also ständig unter dem Stress, unserem Umfeld einen Mann an unserer Seite präsentieren zu müssen. Ansonsten, so ist sich unser gesamtes Umfeld sicher, kann mit uns doch irgendetwas nicht stimmen. Jünger werden wir schließlich nicht und Kinder müssen doch auch auf jeden Fall sein. Und nicht nur, dass wir uns nur den bohrenden Fragen und den mitleidigen Blicken der engsten Mitmenschen aussetzen müssen, nein, auch die Nachbarschaft, der Freundeskreis der eigenen Eltern, Freunde, und wer nicht sonst noch alles, interessieren sich immer brennender für uns, weil mit uns doch einfach etwas nicht richtig sein kann. Wir fühlen uns ein bisschen so wie von einem anderen Stern, sind quasi ein Top-Lästerthema für alle, die sonst nichts Spannenderes in ihrem Leben haben und das fühlt sich zunächst einmal gar nicht gut an. Schließlich entsprechen wir nicht der Norm und das kann doch irgendwie nur falsch sein, denken wir!

Es ist also kein Wunder, dass wir mit lauter Ängsten konfrontiert werden. Denn es ist ja nicht nur so, dass man als Frau quasi wie ein erschossenes Reh aus diesem „Liebes-Kampf" zurückkommt. Diese Tatsache alleine, dass der vermeintlich richtige Partner uns verlassen könnte oder bereits hat, ist an sich schon schlimm genug. Aber das Gefühl, versagt zu haben und das gesamte Umfeld wieder einmal damit enttäuscht zu haben, setzt dem ganzen Elend noch die Krone auf. Und dieses Gefühl, andere enttäuscht zu haben, schürt ebenfalls wieder die Angst, die Zuneigung, Liebe, Freundschaft, etc. derjenigen zu verlieren, die man gerne hat.

Diese Ängste sitzen in uns allen sehr tief, auch in den Männern. Da, wo wir uns in Geduld und Zurückhaltung üben müssen, müssen die Männer lernen, wieder mehr auf uns Frauen zuzugehen, sich um uns zu bemühen. Denn so ist das naturgegebene Prinzip. Aber das haben wir eben über all die Jahre hinweg verlernt.

Da unsere Seelen sich aber nun vorgenommen haben, sich aus all diesen Zwängen zu befreien, bleibt uns nichts anderes übrig, als den Weg zu gehen, der eine wirkliche Lösung in sich birgt. Insgeheim spüren wir sehr genau, welchen Weg wir einschlagen müssen, aber die Angst ist häufig so groß, dass wir uns nicht trauen, einen ersten Schritt zu wagen.

Wenn wir uns eine Weggabelung vorstellen, dann führt der eine Weg über vorgepflasterte Steine, auf denen man recht mühelos voran kommt, der andere führt uns direkt in einen dunklen Wald.

In all den Jahren zuvor haben wir immer den gepflasterten Weg gewählt, weil man uns schon als Kinder vor dem unheimlichen Wald gewarnt hat. Der sichere Weg hat uns aber bisher immer und immer wieder gezeigt, dass er kurzfristig vielleicht eine gute, zumindest passable Wahl gewesen ist. Aber dahin wo wir wirklich hin wollten, hat er uns nie geführt.

Also müssen wir nun wohl oder übel mutig sein und uns auf den Weg durch den dunklen Wald machen. Und das bedeutet, wir müssen durch unsere Verlustangst hindurchgehen. Und dazu müssen wir wiederum loslassen. Wir müssen und dürfen darauf vertrauen, dass unsere Seelen und unsere Herzen ganz genau wissen, wie sie immer mehr zueinander finden. Und von diesem Weg hat unser kleines Ego mit all seinen Wünschen, Forderungen und Verlockungen keinerlei Ahnung. Es sieht einfach nur eine große Bedrohung, wenn wir ihm jetzt nicht auf der Stelle folgen und stattdessen einfach dem Leben seinen natürlichen Lauf lassen.

Wenn Du als Frau nun in Deiner Verlustangst gefangen bist, neigst Du, wie bereits beschrieben, dazu, permanent auf Deinen (neuen) Partner zuzugehen und ihm Deine „Liebe" zu beweisen. Im Grunde willst Du so aber nur Deine Verlustangst beruhigen. Dies wäre nun der zunächst angenehmere Weg, der Dich Deinem Partner jedoch in keiner Weise näher bringt, sondern ihn, im Gegenteil, immer weiter von Dir weg treibt. Entscheidest Du Dich aber nun dafür, Dich Deiner Verlustangst zu stellen und Deinem Partner den benötigten Freiraum zu gewähren und der Liebe zwischen Euch zu vertrauen, wirst Du feststellen, dass er ganz natürlicherweise wieder von sich aus auf Dich zugehen wird. Manchmal dauert dies allerdings länger, als Du es Dir wünschst und genau das macht es so schwer, das benötigte Vertrauen zu entwickeln. Haltet Ihr aber durch, kann sich Eure Liebe so von einer Stufe auf die nächste erheben. Denn Eure Seelen wissen ganz genau, dass ihr nicht beliebig austauschbar seid! Und die Ego-Befriedigungen haben nie etwas mit der wahren Liebe zu tun, und so wird jeder Versuch, eines wahllosen Partnertauschs kläglich scheitern! Wenn sich zwei Seelen begegnen, die miteinander und aneinander in Liebe wachsen wollen, dann spürt ihr das bereits in dem Moment, in dem Ihr Euch das erste Mal begegnet. Vertraut Eurem Gefühl, Ihr werdet genau wissen, mit wem Ihr „Liebe (er)leben" könnt und für wen Ihr nur eine leichte Beute zur Befriedigung des Egos sein sollt.

Und mit diesem inneren Wissen, könnt Ihr Eurer Verlustangst letztendlich immer ein Stück mehr begegnen. Das klingt vielleicht einfacher, als es getan ist. Wenn Deine Verlustangst immens groß ist, wirst Du schnell an Deine eigenen Grenzen stoßen und doch immer mal wieder zurück auf den bequemeren Weg kehren. Das ist aber nicht schlimm, denn Liebe kennt keine Zeit und keinen Raum. Liebe verschwindet nicht einfach so, auch, wenn Dir das immer wieder alle möglichen Menschen versucht haben, Glauben zu machen. Liebe ist unendlich geduldig und das, was wir als Fehler ansehen, sind für die Seele einfach nur Erfahrungen, die wir machen müssen, um weiter zu wachsen.

Ein Kleinkind erlernt ja auch nicht innerhalb eines Tages das Laufen! Und selbst wenn es bereits sicher auf den Beinen stehen kann, stürzt es zeitweise einmal wieder – und steht wieder auf!

Sieh Deinen herausfordernden Partner also nie als eine falsche Wahl an, denn gerade an und in schwierigen Situationen wachsen wir häufig am Schnellsten. Es ist ebenfalls natürlich, dass beide Partner sich zunächst auch der Ego-Befriedigung hingeben, denn diese Art von „Liebe" haben wir schließlich unser gesamtes Leben lang kennengelernt. Der Unterschied nun ist der, dass die Ego-Befriedigungen, die frühere Generationen zusammengehalten haben, nun genau zu den Faktoren werden, die Euch letztendlich voneinander trennen. Denn wahre Liebe und das Ego schließen sich einfach aus, da das Ego unter keinen Umständen Vertrauen will.

Und bei all Deiner Angst solltest Du immer daran denken, dass auch Dein Partner Ängste in sich trägt, mit denen er sich zunächst einmal auch alleine auseinandersetzen muss. Dies geschieht immer mal mehr bewusst oder unbewusst, aber in ihm arbeitet es genauso wie auch in Dir. Also gib Euch Zeit! Und wenn es Jahre dauert. Aber besser, Ihr seid am Ende glücklich, als immer und immer wieder an den gleichen Eckpunkten zu scheitern. All die innere Arbeit, die hier investiert wird lohnt sich!

Aber was bedeutet es nun, die Verlustangst auszuhalten?

Wir Frauen müssen lernen, wieder bei uns zu sein und nicht der Mittelpunkt eines Mannes zu werden, wenn wir wieder unsere kraftvolle Weiblichkeit leben wollen. Es bedeutet also in diesen Zeiten des Überganges,(aber auch in den gemeinsamen Phasen) in denen sich die Liebe auf eine tiefere Ebene begeben will, sich nicht von seinen eigenen Emotionen gefangen nehmen zu lassen. Du wirst innerlich den großen Drang verspüren, nun unbedingt etwas TUN zu müssen. Dabei denkst Du natürlich dabei an ein Tun in Richtung Deines Partners: ihm vielleicht etwas Nettes schreiben, ihn anrufen, etc. Aber genau diese Art von Tun ist in diesen Phasen absolutes Gift für das Entfalten der Liebe. Hier gilt es nun, diese Emotionen, die mit Deinen Ängsten einhergehen, wirklich zu fühlen, sie also in all ihren Facetten zulassen zu können, ohne etwas damit zu tun. Schau Dir an, was sich in Dir regt. Du wirst bemerken, dass diese vielen Ängste, die da plötzlich in Dir hochkommen, gar nicht aus Deiner momentanen Situation heraus entspringen, sondern schon viel länger in Dir verborgen waren. Da kommen alte Gedanken und Gefühle, beispielsweise noch aus Kindertagen, in Dir zum Vorschein. Vieles, was Du bereits längst vergessen und verdrängt hattest. Aber all das ist nun wichtig, dass Du es Dir ansiehst, denn

Deine Verlustängste haben einen Ursprung. Und dieser Ursprung hat mit Deinem jetzigen Partner überhaupt nichts zu tun! Es ist hier nur die immense Angst, dass sich schreckliche Ereignisse aus der Vergangenheit wiederholen könnten. Du hast hier quasi ein inneres Verknüpfungsmuster. Und Dein jetziger Partner, Deine momentane Situation, in der Du Dich nun befindest, birgt für Dich die immense Chance, alte Ängste, alte Wunden heilen zu können. Und das ist ein großes Geschenk, dass Dir dieser Mensch hier zu teil werden lässt! Umgekehrt gilt das eben auch. Denn auch Dein Partner trägt alte Verletzungen und Ängste in sich, die er durch Eure Begegnung aufdecken und heilen kann. Das alleine ist schon ein unglaubliches Geschenk, das sich Eure Seelen gegenseitig machen. Und wenn Ihr es nun schafft, Euer Ego zu beruhigen, könnt Ihr so immer wieder ein kleines Wunder erleben, das Wunder der wahren Liebe nämlich.

Kommen wir aber noch einmal zu dem inneren Druck, der sich nun in Dir aufstaut. Nehmen wir an, Du hast nun seit ein paar Tagen nichts mehr von Deinem (neuen) Partner gehört, geschweige denn ihn gesehen, dann wird alles in Dir danach schreien, sich bei ihm zu melden. Du überlegst, ob Du ihn verärgert haben könntest, Du machst Dir Sorgen, Deine kompletten Gedanken kreisen nur noch darum, was da gerade schief läuft zwischen Euch und die Angst, ihn zu verlieren, wird mit jeder Minute größer und größer.

Und jetzt denk an die zwei Wege, die Du nun einschlagen kannst. Der angenehmere, scheinbar leichtere Weg wäre der, sich einfach bei Deinem Partner zu melden und hoffentlich eine Antwort zu erhalten. Vielleicht meldet er sich wirklich und zunächst bist Du beruhigt... bis es zu der nächsten Situation kommt, in der er sich nicht so verhält, wie Du es Dir wünschst. Dann stehst Du wieder vor der Weggabelung. Und denke daran, Du hast dort schon unzählige Male gestanden und immer wieder den scheinbar angenehmeren Weg gewählt Und immer und immer wieder hat er Dich zurück katapultiert.

Und nun sei doch einmal wirklich mutig und geh das Risiko ein, durch den Wald zu gehen. Ja, am Anfang ist das wirklich kein Spaziergang, den Du genießen kannst, denn Du kennst Dich einfach nicht aus, musst durch die Dunkelheit navigieren ohne zu wissen, wo Du am Ende heraus kommst. Du musst also Dein gewohntes Handeln loslassen und anfangen, etwas Neuem zu vertrauen.

Wiedersteh also der Versuchung, Dich bei Deinem Partner zu melden, halte all die Gefühle, Emotionen und Ängste aus, die da auf Dich einströmen. Vermutlich wirst Du viele Tränen vergießen, wirst Wut verspüren darüber, dass Du Dich nun so alleine fühlst. Aber Du wirst mit jeder überstandenen Übergangsphase tief in Dir spüren und erkennen, dass dieses Alleinsein, das Dir Dein Partner hier ermöglicht – und Du ihm, das größte Geschenk ist, um innerlich zu wachsen. Denn in diesen Übergangsphasen lernst Du, Dich mit Dir selber auseinanderzusetzen und so, Deinen eigenen Wert, Deinen Selbstwert zu erkennen.

Lass Dir auch nicht von Deiner Familie, Deinen Freunden und anderen Menschen einreden, dass der Mann Dich sicherlich nicht liebt, weil er sich jetzt nicht meldet. Höre auf Dein Bauchgefühl. Du fühlst, ob eine Verbindung zwischen Euren Herzen vorhanden ist. Die Gedanken, die Dein Umfeld hat sind lediglich Ego-Gedanken, die an ihre bedingte Liebe gebunden sind. Wahre Liebe will Dich aus eben diesen Ego-Mustern befreien und dafür braucht es nun mal eine ganz andere Art von Umgang miteinander, weit entfernt von den gängigen Klischees.

Sein immer wiederkehrender Rückzug ist genau der größte Liebesdienst, den er Dir erbringen kann – und Du ihm. Und mit jeder überstandenen Phase wirst Du ein wenig mehr Vertrauen in Eure Liebe entwickeln, die Dich immer ein bisschen gelassener werden lässt. Am Ende wirst Du an einem Punkt angekommen sein, an dem Du keinerlei Zweifel mehr an Eurer Liebe hast – unabhängig davon, ob Dein Partner mit Dir zusammenleben möchte oder ob er einen anderen Weg wählt. Du weißt einfach, dass diese Liebe da ist, unzerstörbar. Hierzu aber mehr in einem entfernteren Kapitel, denn diese Sichtweise wirst Du erst später einmal einnehmen können. Sie kommt, wenn Du auch die ganz tief sitzenden Verlustängste in Dir befreit und die Zyklen des Lebens und der Liebe durch all Deine Erfahrungen auf diesem Weg verinnerlicht hast.

Selbstwert ausgraben

Du hast Dich nun also wirklich mutig auf den Weg in den Wald begeben. Deine Angst scheint übermächtig zu sein, Du bist unsicher bei jedem Schritt, den Du voranschreitest und möchtest immer mal wieder lieber umkehren. Du bist müde, ausgelaugt, hast keinerlei Lust, Dich mit Dir selber auseinanderzusetzen. Aber etwas in Dir zieht Dich dennoch weiter voran, ist neugierig und möchte den Wald näher erkunden.

Wenn Du durch den ersten Nebelschleier Deiner diffusen Gedanken gehst, fühlst Du Dich einfach nur träge, alles scheint Dich niederzudrücken und Dein Körper fühlt sich schwer an wie Blei. Das liegt daran, dass Körper und Seele nun einmal zusammenhängen. Nicht umsonst heißt es, dass in einem gesunden Körper ein gesunder Geist wohnt. Und wenn Du während einer Übergangsphase ganz klar vor Augen geführt bekommst, dass Deine Seele unfrei ist, also in gewisser Weise krank, dann nimmt auch Dein Körper diesen Umstand mehr und mehr wahr. Manchmal ist Dein Körper dann tatsächlich so geschwächt, dass Du von einer Krankheit in die nächste schlidderst und nicht begreifst, was da gerade mit Dir passiert und Du bist Dir ganz sicher, dass Du aus diesem schrecklichen Dunkel nicht wieder herausfindest. Bei manchen Menschen kommt es in solchen Übergangsphasen zu Depressionen, weil sie einfach mit allem, was da gerade in ihrem Leben passiert, nicht umgehen können. Sie bemerken, dass ihre Körper und ihre Gedanken sich nicht mehr unter Kontrolle halten lassen und je mehr sie sich gegen all diese Prozesse wehren, desto größer werden die Depressionen. Es ist zunächst oft wirklich ein erschreckendes Gefühl, wenn Du selber wahrnimmst, dass Deine alten Glaubensmuster und alles, was Du bisher in Deinem Leben erlernt hast, sich plötzlich als ein großes Hindernis erweist.

Irgendwann kommt aber immer wieder ein Punkt, an dem Du erkennst, dass dieses scheinbare Hindernis eine große Chance für Dich ist, nämlich die Chance, Dein Leben in eine andere Richtung zu lenken. Der scheinbar angenehmere Weg, der Gepflasterte nämlich, bedient in erster Linie Dein Ego und das Deiner Mitmenschen, also auch das, Deines Partners.

So lange wir aber immer wieder dem Ego folgen und versuchen, unseren Wert durch andere Menschen vermittelt zu bekommen, werden wir niemals unseren eigenen wahren Wert erkennen. Aber ohne Selbstwert werden wir immer wie Marionetten an den Fäden anderer Leute herumtanzen. Und das macht uns auf Dauer bloß unglücklich. Also gehen wir doch noch einen weiteren Schritt in den Wald hinein, weil wir einfach nicht mehr anders können!

Der Weg durch den Wald ist der Weg unserer wilden Seele. In vielen Märchen, in denen der Prinz oder die Prinzessin durch den Wald irren, treffen sie irgendwann auf ein kleines, unscheinbares Häuschen, in dem jemand lebt, vor dem jeder zunächst zurückschreckt, weil ihre Gestalt so unansehnlich und düster scheint. Es ist die weise Alte, in Märchen häufig als Hexe getarnt, die in uns allen verborgen schlummert.

Im Märchen „Zwerg Nase" holt sich die Alte den kleinen Jungen Jakob in ihr Haus. So furchteinflößend sie auch erscheint, sie ermöglicht Jakob, bei ihr als Koch in die Lehre zu gehen und sein Talent und sein Wissen so weit zu entwickeln, dass er letztlich beim König im Schloss seine Kochkunst voll entfalten kann und darf. Ohne die weise Alte hätte der kleine Jakob vielleicht sein Leben lang weiter älteren Damen die Einkäufe vom Markt nach Hause getragen, hätte sein volles Potenzial sicherlich niemals erkannt und sich zu eigen gemacht. Die Alte ließ ihm aber keine Wahl, sie nahm ihn einfach mit und behielt ihn so lange wie eben nötig bei sich…

Auch in uns schlummern unendlich viele Talente und eine Weisheit, die wir längst vergessen haben. Wenn wir nun auf dem Weg der Liebe sind und unser Partner uns quasi durch das Antriggern alter Muster in unserem Innern, uns in den düsteren Wald schickt, stehen wir ebenfalls irgendwann vor dem Haus der weisen Alten. Etwas in uns will um keinen Preis der Welt die Tür öffnen, um zu sehen, was sich alles Grausames dahinter verbirgt, aber irgendwie können wir unsere Neugier doch nicht so ganz verdrängen und drücken die Klinke vorsichtig und unter größtem Herzrasen irgendwann herunter…

Was auch immer sich bei jedem Einzelnen genau dahinter verbirgt, ist individuell, denn jeder hat sehr unterschiedliche Erfahrungen in seinem bisherigen Leben gesammelt und je nachdem kann der Anblick von Erschrecken bis Erstaunen alles beinhalten. Sicher ist, dass wir während jeder Übergangsphase, die uns diese Partnerschaft beschert, tiefer eintauchen und uns immer mehr mit diesem tiefen Seelenwissen befassen und anfreunden.

Im Wesentlichen geht es in diesen Phasen immer darum, sich mit sich selber zu befassen. Denn wenn wir Frauen uns wieder ins Gedächtnis rufen, dass wir uns aus unserer emotionalen Abhängigkeit zu einem Mann befreien wollen und müssen, um wirklich lieben zu können, kommen wir nicht umher, uns zu fragen, was denn unsere tiefsten Sehnsüchte und Wünsche sind. Wenn wir mal zurück denken, dann haben wir in vielen Bereichen unseres Lebens unserem Umfeld beweisen müssen, wie gut wir auf den unterschiedlichen Gebieten sind. Es gibt immer Bereiche, die unserem Interesse entsprechen und in denen wir uns scheinbar mühelos weiterentwickeln. Und dann gibt es auch immer die Bereiche, die einfach nicht unserem wahren Potenzial entsprechen und zu denen wir einfach keinen Bezug finden. Das bemerken wir und unser Umfeld schon früh in der Schule. Es gab Fächer, die lagen uns einfach und es gab Fächer, die erschienen uns wie böhmische Dörfer. Bei dem einen war das vielleicht der mathematische Bereich, bei dem anderen die Grammatik, etc. Zu manchen Dingen bekamen wir einfach keinen Bezug, egal, wie sehr wir uns anstrengten, es wollte einfach nicht in unseren Kopf.

Vielleicht wäre all das nicht so schlimm gewesen, wenn es sich nur um einen Bereich gehandelt hätte, in dem einem die eigenen Defizite immer wieder vor Augen geführt wurden.

Aber es wurden im Laufe der Jahre immer mehr Bereiche, immer mehr, was dem eigenen Umfeld nicht genügte.

Die Bereiche, die Deine Seele gerne zur Entfaltung gebracht hätte, die zählten in der Gesellschaft häufig einfach nicht. Wir sind leider immer noch sehr Defizitorientiert und da die Gesellschaft klare Vorstellungen vom Leben hat, müssen alle, für die Gesellschaft wichtigen Bereiche, am besten tadellos erfüllt werden, während alle wirklichen Belange auf der Strecke bleiben müssen. Wenn Du als Kind künstlerisch kreativ warst, wurde das nur belächelt, denn mit Kunst ließe sich später schließlich kein Geld verdienen. Als Mathematiker sähe das schon anders aus... Wenn Du musikalische Talente entwickeltest, scheiterte Dein Vorankommen schon alleine an den falsch getroffenen Tönen, die auf die Gesichter Deiner Mitmenschen einen Ausdruck großer Verachtung legte und Du so Dein aufkeimendes Talent einfach wieder fallen ließt.

Wir haben uns also ein Leben lang darauf konzentriert, wie unsere Mitmenschen, die Gesellschaft auf uns reagierten. Da aber jeder Mensch andere Erwartungen hat und Dinge anders wahrnimmt, versuchten wir irgendwie, es allen recht zu machen und wenn wir mit etwas scheiterten, gaben wir uns die Schuld dafür, nicht gut genug zu sein, nicht genug gelernt oder getan zu haben. Wir waren wie eingesperrte Hamster, die aus lauter Verzweiflung so lange in ihrem Rad liefen, bis sie irgendwann aus purer Erschöpfung zugrunde gingen. Dabei wollten wir doch einfach nur ein bisschen Liebe und Anerkennung bekommen...

Hier zeigt sich noch einmal ganz deutlich, was für ein großes Geschenk es ist, wenn Du einem Menschen begegnest, der sich mit Dir auf den Weg der wahren Liebe begibt, um sich aus all den Ego-Verstrickungen zu befreien.

Da Du Dich aber auf dem Weg durch den Wald überhaupt nicht auskennst, weißt Du nicht, was Dir der nächste Schritt bringen wird und wo er Dich wohl hinführt.

Aber Du darfst sehen, dass Dein Mut auf mehrere Arten belohnt wird.

Wie ich bereits geschrieben habe, verlaufen Liebesbeziehungen in Zyklen von Werden, Sein, Vergehen und Neuwerden. Wenn eine Phase beendet ist und Du Dich nun in einer Übergangsphase befindest, die bedeutet, ein Stück des Weges wieder alleine zurückzulegen, darfst Du darauf vertrauen, dass Dein Partner Dich irgendwo wieder passend abfängt, um einen neuen Zyklus einzuberufen. Das ist das Wunder der Liebe, das Du erst nach und nach erkennen kannst. Während Ihr Euch durch neue Begegnungen gegenseitig unbewusst aufzeigt, wo Ihr in Eurer momentanen Entwicklung steht, zeigt sich auch meist recht schnell, wann sich Eure Wege wieder für unbestimmte Zeit trennen müssen. Und Ihr werdet so lange immer wieder getrennt, bis sich Eure Egos aneinander abgeschliffen haben, wenn das Brauchen eines Partners für die Erfüllung eigener Ego-Defizite aufgehört hat.

Die Frau bemerkt immer schneller, wenn sie sich in alten Mustern verstrickt hat und lernt, eher wieder bei sich selber zu sein und letztendlich auch zu bleiben. Sie braucht keine Angst davor haben, „Fehler" zu machen, denn ihr Partner wird sich dann zwar zunächst wieder räumlich und zeitlich von ihr zurückziehen, aber seine Liebe wird in diesen Zeiten dennoch immer mehr wachsen, weil er ebenfalls eigene „Fehler" in seinem Handeln enttarnen kann und wird. Und letztlich erkennen beide Partner, dass weder der Eine noch der Andere daran Schuld hat, dass es diese Zyklen gibt und sie durchlaufen werden müssen. Sie dürfen das Leben selbst wieder in vollen Zügen kennenlernen und die unterschiedlichen Phasen genießen und wertschätzen. Nichts in unserem Leben ist konstant, das sollten wir begreifen. Alle Facetten von Hell bis Dunkel gehören zu unserem Leben dazu und müssen auch in der Liebe fest verankert sein. Erst dadurch erwachen wir zu purer Lebendigkeit! Und wenn wir mehr und mehr bewusst durch einige Phasen hindurch gegangen sind, beginnen wir bald wie von selbst, diesen Zyklen zu vertrauen und das lässt uns innerlich allmählich immer etwas ruhiger und gelassener werden.

Wie graben wir denn nun unseren eigenen Selbstwert aus?

Auch hier ist die Vorgehensweise sicherlich ganz individuell. Wichtig ist zunächst einmal, sich wirklich um die eigenen Belange zu kümmern und sich gedanklich nicht permanent mit dem Partner zu beschäftigen. Denn dann sind wir wieder nicht bei uns selbst, sondern da, wo wir momentan aber ohnehin nichts ausrichten können. Du kannst natürlich abwarten, wann Dein Partner sich das nächste Mal meldet und denken, damit wäre dann doch alles wieder gut. Aber Dein Partner wird genau spüren, dass Du Dich keinen Schritt weiter entwickelt hast und das lässt ihn ganz schnell wieder in seinem Versteck verschwinden. Eine Frau, die im Laufe der Übergänge gelernt hat, bei sich zu sein, ruht einfach in sich. Sie ist sich ihres eigenen Wertes durchaus bewusst und lässt nicht wieder bei nächstbester Gelegenheit alles für einen Mann stehen und liegen. Bis sie aber soweit ist, muss sie bereit sein, sich um sich selber zu kümmern, denn von alleine stellt sich diese innere weibliche Gelassenheit nicht ein.

Schau also, was Du in Deinem Leben erreichen möchtest und was Dir am Herzen liegt. Vielleicht hast Du einen Job, der Dich erfüllt und den Du mit Hingabe ausüben kannst. Vielleicht bist Du aber auch nicht zufrieden mit dem Beruf, den Du gerade ausübst und nimmst Dir jetzt möglicherweise vor, eine Umschulung zu machen.

Oder lass ein altes Hobby neu aufleben oder leg Dir ein Neues zu. Widme Dich intensiver Deiner Familie und Deinen Freunden, wenn Dir danach ist. Oder geh aus und lerne neue Menschen kennen… Es gibt unzählige Möglichkeiten, die sich Dir eröffnen und die Du für Dich nutzen kannst. Wichtig ist einfach, dass Du Dich mit Dir selber auseinandersetzt und Dich quasi ganz neu kennenlernst. Und Du wirst erstaunt sein, was so alles an wirklichem Potenzial in Dir schlummert.

Natürlich wirst Du nicht alles auf einmal neu integrieren. Auch hier entwickelst Du Dich Stück für Stück weiter. Und was macht das mit Dir? Du wirst bemerken, wie gut es Dir tut, Dir die unterschiedlichen Bereiche Deines Lebens anzusehen und neu zu ordnen. Denn Du wirst immer mehr feststellen, dass Du in ganz vielen Bereichen einfach bisher ein Leber gelebt hast, dass nur auf den Vorstellungen anderer Menschen beruhte. Du wirst die Marionetten-Fäden nach und nach erkennen und Dich von ihnen lösen.

Wenr Du Dein Leben neu ordnest und den wahren Bedürfnissen Deiner Seele nachgehst, wirst Du Dich innerlich immer erfüllter fühlen. Und das ganz unabhängig von einem Mann. Bisher warst Du überzeugt davon, dass nur ein Mann Dir diese Fülle ermöglichen könnte. Nun spürst Du aber sehr genau, dass das nur diffuse Geschichten und Vorstellungen einer kranken Gesellschaft sind. Du bemerkst, dass sich eine innere Stabilität in Dir aufbaut, die mit jedem Tag etwas mehr wächst. Und das, was Du da in Dir spürst, ist Dein Selbstwert, durch den Du Dich zu einer wunderbaren Persönlichkeit entwickelst, die nun mit beiden Beinen fest im Leben verankert ist und auch den wildesten Stürmen begegnen kann. Der dunkle Wald bereitet Dir zwar immer noch ein bisschen ein komisches Bauchgefühl, weil Du nie weißt, wo genau der Weg entlang geht. Aber Du weißt einfach, dass mit jedem Schritt, den Du Dich voran wagst, sich Dir immer wieder neue Möglichkeiten bieten und dass es einfach keinen Grund gibt, aus Angst wieder den alten Weg einschlagen zu wollen, der Dich wieder an die Marionetten-Fäden ketten will.

Die Liebe ermöglicht es Dir, Deinen Selbstwert zu erkennen und zwei Menschen, die ihren eigenen Wert auf dieser Reise ausgraben durften, begegnen sich am Ende dieser ersten unsagbar harten Phasen mit dem größten Respekt und einer tiefen Nähe, die in ihren Herzen verankert ist, nicht im verstrickten Ego.

Dein Körper

Viele Menschen haben einen sehr geringen Selbstwert, weil sie sich in ihrem eigenen Körper nicht wohl fühlen. Denn auch hier sind in unserer Gesellschaft Normen festgelegt worden, was als schön und ästhetisch angesehen wird und was als „Mängelexemplar" durchfällt. Gerade wir Frauen sollen uns über unsere Körper definieren. Wir sollen möglichst in Konfektionsgröße 34 passen, aber trotzdem einen Busen in XXL vor uns hertragen. Dazu sollen wir ein liebreizendes, hübsch geschminktes Gesicht präsentieren mit den sinnlichsten, vollsten Lippen und im Gegenzug aber einer winzig kleinen Nase, die gerade mal noch so die Luft zum Atmen hereinlässt... ;-)

Alles, was aus den gängigen Normen fällt, sollte sich möglichst unauffällig in der großen, breiten Masse verstecken, damit man nicht für unnötigen Gesprächsstoff sorgt.

Das ist wirklich krank, denn es gibt so unzählig viele Schönheitsideale, dass keine Frau sie wirklich alle erfüllen könnte. Und wenn doch, dann muss sie gehörig aufpassen, dass dieser Zustand ihr so auch erhalten bleibt. Frauen, die ihren Wert über ihren angeblich perfekten Körper definieren, fallen unweigerlich eines Tages in ein tiefes, schwarzes Loch, da es niemandem möglich ist, seinen Körper bis ins hohe Alter den gewünschten Normen anzupassen. So sind Falten oder graue

Haare absolut unerwünscht, denn sie zeigen uns schonungslos auf, dass das Leben vergänglich ist. Und alles, was vergeht, lehnen wir kategorisch ab. Oder Du hast vielleicht einen Unfall, von dem Du ein Leben lang Narben zurückbehalten wirst, etc. Dann wird Dich diese Art von „Wert" nicht weiter nähren.

Du wirst auf Deinem Weg nicht darum herum kommen, Dich auch sehr ausführlich mit Deinem Körper auseinanderzusetzen. Denn wenn Du Dich in ihm nicht wohlfühlst, wirst Du auch nur schwer anderen Menschen selbstbewusst und authentisch gegenübertreten können.

Geh doch einmal ganz bewusst durch die Stadt oder an den Strand und sieh Dir all die Menschen, denen Du begegnest, einmal genau an. Du wirst feststellen, dass Du auf so viele unterschiedliche Personen mit den unterschiedlichsten Körpern triffst. Und kaum einer von ihnen würde den „perfekten" Bereich abdecken, den die Norm sich erdacht hat. Die Frage ist auch immer: wer gibt überhaupt die Norm vor? Wer legt einen Richtwert fest? Es ist unfassbar, dass es Menschen gibt, die sich so etwas anmaßen! Und fast noch unfassbarer ist, dass eine ganze Gesellschaft sich solch einem Denkschema anpasst! Leider werden diese Schemen, beispielsweise durch diverse Fernsehformate, noch weiter genährt. Da werden Topmodels gesucht, die, sollten sie diesen Titel tatsächlich erringen, bald auch wieder von anderen Schönheiten überholt werden und von denen irgendwann kein Mensch mehr spricht! Traurig aber wahr. Und die armen Mädchen, die sich diesem Format überhaupt aussetzen, weil sie unbedingt einen Wert über andere vermittelt bekommen wollen, verstehen die Welt nicht mehr, wenn sie plötzlich wieder in der Versenke verschwinden müssen.

Euren wahren Wert müsst Ihr schon alleine finden! Niemand kann Euch das abnehmen. Und zu Eurem Körper gehört nun mal auch Eure Seele, Eure Persönlichkeit. Ihr könnt aussehen wie eine perfekte Barbie-Puppe, aber was nützt Euch das, wenn Euer Charakter eher ist wie das eines kleinen, bissigen Äffchens? Versteht mich nicht falsch, aber Schönheit kommt von Innen und hat nichts mit einem vermeidlich perfekten Körper zu tun!

Jetzt, wo Du auf dem Weg zu einer erwachten Frau bist, lernst Du ganz automatisch, alles zu hinterfragen, was Dir so in Deinem Alltag begegnet und das betrifft eben auch diverse Schönheitsideale.

Schau Dir Deinen Körper einmal ganz bewusst an – nackt, so, wie er jetzt gerade ist. Deine Haut hat eine ganz bestimmte Färbung, die Du vielleicht noch nie wirklich wahrgenommen hast. Sieh Dir all Deine kleinen und großen Muttermale, Sommersprossen, Narben, etc. an, die Dich zu genau dem Menschen machen, der Du bist. Schau auf Deine Hände und Deine Füße und erkunde ihre Form. Vielleicht hast Du zehn Finger und zehn Zehen, dann freu Dich, denn das Glück hat nicht jeder. Manch einer hat überhaupt keine Arme oder Beine. Und doch kann auch so ein Mensch glücklicher sein, als ein Mensch, dem zwar ein „perfekter" Körper geschenkt wurde, aber dessen Seele tief verwundet ist. Euch ist oft gar nicht klar, wie wertvoll Euer Körper wirklich ist und was für Dienste er Euch leistet. Ihr bemerkt es erst dann, wenn Ihr eine Einschränkung erfahrt, z.B. ein gebrochenes Bein oder eine verstauchte Hand. Dann seid Ihr auf Hilfe in manchen Bereichen angewiesen, die Ihr vielleicht lieber nicht in Anspruch genommen hättet. So lange Ihr in dieser Einschränkung seid, wisst Ihr Eure heilen Körper sehr zu schätzen. Doch kaum ist der „Normal"-Zustand wieder hergestellt, vergesst Ihr diese Wertschätzung bald wieder und fallt wieder in Euer Klagen über Eure so unschönen Körper zurück.

Wenn Du Dir alles ganz genau angesehen hast, dann widme Dich auch sehr eindringlich Deinen Brüsten, denn gerade sie sollen bestimmten Schönheitsidealen entsprechen. Viele Mädchen, die langsam zu einer Frau heranwachsen, haben eine sehr schlechte Meinung über ihre Brüste und werfen lieber keine, oder nur verachtende Blicke darauf. Sind sie zu klein, halten Euch andere, und bald auch Ihr selbst, für wenig bis gar nicht weiblich. Sind sie zu groß, schämt Ihr Euch dafür und wollt sie lieber verstecken.

Wie soll sich eine junge Frau, die sich mit all ihren weiblichen Details nicht wohlfühlt, gut in der Gegenwart eines Mannes fühlen? Sie hofft dann vielleicht, dass der Mann ihr sagt, wie schön er sie findet und zunächst gibt ihr das auch ein gutes Gefühl. Aber es werden immer wieder Zweifel aufkommen. Ob er die Komplimente denn wohl ernst gemeint hat? Ob er mich auch noch schön findet, wenn ich ein bisschen zugenommen habe? Ob ihm eine andere Frau wohl besser gefallen würde? … Solange Du nicht Deinen eigenen Wert erkannt hast, bist Du wie ein Fähnchen im Wind. Du hast keine innere Stabilität. Und ich sage Dir mal etwas: wenn Du weißt, was Du selber und Dein Körper für einen Wert hast, dann wirst Du Deinem Gegenüber noch viel attraktiver erscheinen. Denn was gibt es schöneres als einen Partner, der sich selber so annimmt, wie er ist und nicht ständig gesagt bekommen muss, wie schön, toll und liebenswert er ist! Und wenn Du Dich selber so annimmst, wie Du eben bist, wirst Du auch Dein Gegenüber genauso annehmen. Es kann gar nicht anders sein!

Am Anfang wirst Du Dir bestimmt ziemlich merkwürdig vorkommen, wenn Du Dich so ausführlich mit Dir selber beschäftigst. Aber je öfter Du Dich Dir widmest, desto schneller wirst Du Dich auch mit Dir selber anfreunden. Am einfachsten ist es vielleicht, wenn Du Dir eine schöne heiße Badewanne einlaufen lässt, dazu ganz viel Badeschaum und Dir vielleicht ein wenig Musik anstellst. Hast Du dann ein ausgiebiges Bad genommen, kannst Du nun noch Deinen ganzen Körper mit einer Lotion verwöhnen und Dich, in einen Bademantel gehüllt, auf Deine Couch legen. Spür mal in Dich hinein, wie sich das anfühlt.

Natürlich darfst Du auch Stellen an Deinem Körper entdecken, die Dir erstmal als ziemlich wenig perfekt erscheinen. Überlege, wieso Du das so empfindest. Hat irgendjemand Dir vielleicht einmal etwas Schlechtes über diese Körperteile erzählt? Hat jemand Dich gehänselt? Falls das so sein sollte, überlege Dir, ob Du diese schlechte Meinung wirklich teilst oder ob Du es vielleicht doch ganz anders wahrnimmst?!

Komm einmal runter von dem hohen Ross der angeblichen Schönheitsideale und überleg mal, was Dein Körper Dir alles zu bieten hat! Jeder einzelne Teil von Dir hat eine Funktion, die er so gut erfüllt, wie er nur kann. Jeder Knochen, jeder Muskel, jede Sehne hat einen bestimmten Zweck. Aber wir halten alles für selbstverständlich und missachten all das Gute, was unser Körper tagtäglich leistet.

Eine Frau, die ihren eigenen Selbstwert für sich entdeckt und ihren Körper in all seinem Sein angenommen hat, geht aufrecht und anmutig durch das Leben. Darauf muss sie nicht einmal achten, denn es ist für sie so normal wie das Ein- und Ausatmen. Eine Frau, die keine gute Meinung von sich und ihrem Körper hat, bewegt sich ganz anders. Sie richtet ihren Blick vorwiegend auf den Boden, lässt die Schultern hängen und wirkt auch sonst eher etwas träge und ungeschickt.

Manchmal dauert es ein wenig, bis Du Dich so annehmen kannst, wie Du gerade bist. Vielleicht bist Du unzufrieden mit Deinem Gewicht. Aber wenn es Dich wirklich stört, hindert Dich auch niemand daran, etwas daran zu verändern. Es gibt Dinge an Deinem Körper, die Du durchaus verändern kannst, andere wiederum sind Dir eben Gottgegeben und Du musst einen respektvollen Umgang damit üben.

Tu Dir nur selber einen Gefallen und renne nicht wie ein blindes Huhn irgendwelchen Normen hinterher – egal in welchem Bereich! Du bist wertvoll, genau SO, wie Du jetzt bist! Und sobald Du das erkannt hast, wirst Du Dich auch so verhalten. Vorher ist dieser Gedanke wie eine leere Hülle, die ständig auf eine Wert-Er-Füllung von außen wartet.

Eigenverantwortung

Je mehr Du auf Deinem neuen Weg Deinen eigenen Selbstwert erkennst, desto mehr wird Dir bewusst, dass Du auch eine ganz eigene Verantwortung hast für Dein Leben und für alles, was Du tust oder nicht tust.

Vom Verstand her war Dir das natürlich auch vorher klar, aber Du hast nie wirklich gewusst und gespürt, was das tatsächlich bedeutet. Du wirst lernen müssen, Dich aus Deiner Opferhaltung zu befreien und Deine Eigenverantwortung radikal zu leben. Das setzt aber erstmal voraus, dass Du Deinen eigenen Selbstwert wirklich erkannt hast, denn nur dann kannst Du auch konsequent für Dich und Deine Bedürfnisse einstehen. Vielleicht wirst Du jetzt automatisch entrüstet sein, dass ich behaupte, Du hättest bisher in einer Opferhaltung gelebt. Vielleicht stimmt diese Behauptung ja auch nicht, aber wenn es nicht so wäre, würdest Du jetzt nicht diesen Weg gehen. Dann wäre es vielleicht ein ganz anderer…

Zunächst müssen wir uns auch erstmal anschauen, was genau ich unter diesem Begriff verstehe. Danach ist Dir bestimmt auch einiges klarer und Du betrachtest die Dinge aus einer anderen Perspektive.

Wir Menschen, besonders wir Frauen, haben die merkwürdige Angewohnheit, uns permanent um andere Menschen zu kümmern. Ständig meinen wir zu wissen, was ein anderer gerade braucht, was er tun oder lassen sollte, etc. Mit uns selber setzen wir uns lieber nicht so detailliert auseinander, denn dann müssten wir uns unsere eigenen Schwächen eingestehen und das wollen wir doch eher vermeiden.

Hast Du Dich aber auf den „Weg in den Wald" begeben, wirst Du feststellen, dass Du einfach nicht mehr drum herum kommst, Dich immer wieder mit Dir selber auseinanderzusetzen. Und egal, wie lange Du Dich auch versuchst, dagegen zu wehren, irgendwann bleibt es Dir doch einfach nicht mehr erspart.

Am Anfang ist es sehr häufig so, dass Du Deinen Partner einfach nicht mehr verstehst. Du weißt ja sehr genau, dass er Dich liebt, aber dennoch verhält er sich ganz und gar nicht so, wie Du Dir das von ihm wünschst. Du bist der festen Überzeugung, wenn man sich liebt, dann will man doch auf jeden Fall auch zusammen sein und sein Leben gemeinsam verbringen. Und während Du anfangs regelrecht um die Liebe Deines Partners bettelst, zieht er sich immer mehr zurück. Du fühlst Dich missverstanden, schlecht behandelt und versuchst, einen Schuldigen für Deine Umstände zu finden. Natürlich denkst Du, dass Du auch selber Schuld bist, dass es einfach nicht klappen will – weder mit diesem Mann, noch mit einem anderem zuvor. Gleichzeitig hältst Du aber auch die Männer für schuldig, denn sie sehen schließlich einfach nicht, was du für ein toller Mensch bist und was Du doch alles zu bieten hast und geben würdest für Deinen Partner.

Die Gedanken in Deinem Kopf kreisen sehr lange um die Schuldfrage, aber irgendwie bleibt die Antwort aus. Nun hast Du ja bereits beim Loslassen gelernt, dass Du einen ganz neuen Weg einschlagen musstest, um nach und nach wirkliches Vertrauen zu erlernen. Und nun stellst Du fest, dass Du in ganz vielen Bereichen Deines bisherigen Lebens neue Wege gehen musst, wenn Du die Fähigkeit erwerben willst, eine erfüllende Liebe und ein glückliches Leben überhaupt leben zu können. Die wilde Frau in Dir möchte sich komplett entfalten können, aber dies kann sie eben nur, wenn Du beginnst, ihren wahren Bedürfnissen zu lauschen und für Dich selber einzustehen.

Es muss nun der Punkt kommen, an dem Du auch die Schuldfrage aufgeben musst und Dich aus Deiner anerzogenen Opferhaltung befreist. Die wilde, erwachte Frau lässt sich von niemandem in die Position eines Opfers drängen, schon gar nicht manövriert sie sich selbst hinein.

Schon als Kinder lernen wir, was bestimmte Verhaltensweisen bei unseren Eltern, aber auch bei anderen erwachsenen Bezugspersonen auslösen. Du entwickelst relativ schnell „Überlebensstrategien", die Dir helfen, etwas Bestimmtes zu bekommen – Aufmerksamkeit, Schutz und Trost beispielsweise, aber auch Nahrung oder materielle Wünsche.

Uns Mädchen wurde beispielsweise recht schnell klar, dass, wenn wir weinten, sich unser Umfeld fast umgehend um uns kümmerte. War dies zunächst noch unbewusst, so wurde es uns im Laufe der Jahre immer bewusster und wir setzten unsere Tränen gezielt ein, um etwas Bestimmtes zu erreichen. Tränen wurden so unweigerlich zu einem Druckmittel, das andere dazu bewegen sollte, unsere Ego-Wünsche zu befriedigen.

Diese Strategie war häufig auch unser angewandtes Mittel (vorzugsweise) bei unserem Vater, denn dies war aus unserer Sicht oft scheinbar die einzige Möglichkeit, ihn emotional zu erreichen. Hatten wir irgendetwas angestellt, das ihm missfiel, wurden wir meistens mit Missachtung und Liebesentzug bestraft. Das Einzige, was dann manchmal noch half, waren unsere traurigen Emotionen. Da schmolz selbst ein hartes Vaterherz meist irgendwann dahin.

Wir kleinen Mädchen sahen in unserem Vater sehr lange Zeit einen Übermenschen, einen Beschützer und Menschen, der scheinbar alles konnte und alles wusste. Er löste all unsere Probleme und schien keinerlei Angst zu kennen! Außerdem hatte er unserer Erfahrung nach die „Macht" über alles, was die Familie betraf. Was er sagte, war Gesetz. Also wollten wir uns natürlich gut mit ihm stellen, damit wir möglichst in seiner Gunst standen und uns keinerlei „Gefahr" drohte. Wir hatten Angst, etwas falsch zu machen oder gar, uns seinem Wort zu widersetzen, womit er uns womöglich wieder seine Liebe entzog.

Unser Vater wurde für uns zu einem Synonym für die komplette Männerwelt. In ihnen sahen wir unbewusst die Bestimmer über unser Leben – Herrscher über unser Glück oder Unglück. Wir versuchten, unser Leben lang unseren Wert zunächst über unseren Vater, später dann über andere Männer zu beziehen, weil wir überzeugt davon waren, dass es so sein müsse.

Wenn Du aber Deinen eigenen Wert immer mehr für Dich erkannt und definiert hast, verliert diese Ohnmacht Männern gegenüber ihren Schrecken. Wir begreifen, dass sowohl unser Vater als auch jegliche andere Männer ganz gewöhnliche Menschen sind, die auch nur bestimmte Strategien anwandten, um uns unter Kontrolle zu halten. Jetzt, wo wir uns unserer eigenen Verantwortung immer mehr bewusst werden und uns aus den scheinbaren Abhängigkeiten eines Mannes befreien, stellen wir fest, dass auch die Männer langsam begreifen, dass Liebe nichts mit Beweiserbringung zu tun hat. Und das nimmt jedem einzelnen eine große Last von den Schultern. Es ist unglaublich befreiend festzustellen, dass Du für Dich selber einstehen kannst und trotzdem wirst Du geliebt.

Ein weiteres Beispiel wären bestimmte Bestechungsversuche, um jemanden emotional an sich zu binden. Bereits Kinder wenden sehr häufig das Bestechungs-Prinzip an. „Wenn Du mir das jetzt nicht gibst, dann lade ich Dich nicht zu meinem Geburtstag ein." Oder „Wenn Du nicht tust, was ich sage, bist Du nicht mehr mein Freund".

Mit fortschreitendem Alter werden diese Bestechungsversuche immer ausgefeilter und setzen das Gegenüber oft in eine große innere Bedrängnis.

Durch diese angelernten Strategien manövrierten wir uns aber unweigerlich immer mehr in die Position eines Opfers, denn erfüllten andere nicht unsere Ego-Bedürfnisse, schmollten wir und fühlten uns von der Welt schlecht behandelt und ungeliebt. Umgekehrt galt dies natürlich auch, denn auch unser Umfeld benutzt diese Strategien, um uns dazu zu bewegen, bestimmte Dinge zu tun oder zu lassen.

Und nun begegnest Du dem Menschen, mit dem Du Dir vorstellen könntest, Dein ganzes Leben zu verbringen und musst feststellen, dass er Dir Deine Ego-Wünsche einfach nicht erfüllen will oder kann. Da Du Liebe aber gleichsetzt mit Bedürfnisbefriedigung und Beweiserbringung, wird Deine Opferhaltung anfangs unermesslich groß und schier unüberwindlich. Am Anfang Deines Weges versinkst Du daher in Deinen ganzen Emotionen und findest Dich in Depressionen wieder, die sich anfühlen, als wenn Du in einem tiefen schwarzen Moor versinkst. Du erhoffst Dir instinktiv, dass Dein Partner so doch erkennen möge, was er Dir bedeutet und Du versuchst ihn mit allen Mitteln davon zu überzeugen, dass Du die Richtige für ihn bist. Aber da die wahre Liebe nun mal nicht auf die Wünsche und Befindlichkeiten des Egos eingeht, rennst Du quasi immer wieder gegen Mauern. Dein Partner tut intuitiv das einzig richtige, um Dich aus Deiner Opferhaltung zu befreien. Das ist das Wunder der Liebe, das Du anfangs einfach noch nicht erkennen, geschweige denn begreifen kannst. Seine Rückzüge ermöglichen Dir also immer wieder, Dich mit Dir selber auseinanderzusetzen, um innerlich zu wachsen.

Durch Deine ersten Hürden bist Du nun mittlerweile innerlich schon viel stärker geworden und beginnst langsam, die vielen Verstrickungen, die sich im Laufe Deines Lebens in Dir angesammelt haben, zu erkennen und letztendlich immer mehr zu entwirren.

Du bemerkst, dass Du bisher in vielen Dingen und Situationen von anderen Menschen abhängig warst und gar nicht wirklich in der Lage, eigene Entscheidungen zu treffen. Wir Mädchen, so erwähnte ich bereits, haben im Laufe unserer Kindheit gelernt, die Bedürfnisse andere Menschen quasi im Schlaf zu erkennen und sie ihnen zu erfüllen. Das Wort „Ja" kam stets ganz automatisch über unsere Lippen, wohingegen ein „Nein" in den seltensten Fällen benutzt werden durfte. Und wenn wir jemandem ein „Nein" entgegenbrachten, mussten wir uns stets dafür rechtfertigen und quälten uns zudem anschließend oft tagelang mit einem schlechten Gewissen herum, weil wir vielleicht einfach mal keine Zeit hatten, krank waren, oder sonst irgendetwas. Wir hatten bislang also niemals eine wirkliche Wahl, unsere Antwort war in der Regel immer „Ja". Wir haben es einfach so kennengelernt und tief in uns verinnerlicht.

Ein weiteres Beispiel wäre die Situation, in der wir vor einem Problem stehen. Instinktiv drücken wir uns meistens erstmal davor, es selber zu lösen. Wir bereden es zunächst mit unseren besten Freunden, mit der Familie, oder sonst irgendeinem scheinbar guten Ratgeber. Was wir dabei aber bisher niemals erkannten, war, dass all diese Menschen zwar ihre eigene Meinung zu unserem Problem hatten, aber ob ihre Lösung auch eine gute Lösung für uns selber war, haben wir nicht wirklich hinterfragt. Wir haben uns eine der vorgeschlagenen Lösungen heraus gesucht, die uns am passendsten erschien und wenn sie sich dann im Nachhinein für uns als „falsch" herausstellte, gaben wir einfach demjenigen die Schuld, der uns diesen Lösungsvorschlag gemacht hat. Dabei übersahen wir stets, dass wir im Endeffekt diese Lösungsmöglichkeit selbst gewählt haben und somit lag es auch in unserer eigenen Verantwortung. Der andere hat uns lediglich einen Vorschlag unterbreitet oder seine Meinung kundgetan.

Nun beginnst Du durch Deinen wachsenden Selbstwert zu erkennen, was sich innerlich gut und richtig für Dich anfühlt und wann Du bloß für irgendwelche Bedürfnisbefriedigungen anderer ausgenutzt wirst. Du wirst Dich auch in diesem Bereich mehr und mehr mit Dir selber auseinandersetzen und die Meinung anderer viel seltener einholen, weil Dich die vielen unterschiedlichen Sichtweisen mehr und mehr irritieren. Du bemerkst, dass Deine Familie und Deine Freunde Deinen neu gewählten Weg zunächst einmal einfach gar nicht verstehen können oder wollen und machst Dir immer mehr Deine eigenen Gedanken zu allen Dingen, mit denen Du in Berührung kommst.

Deinem Umfeld entgeht Deine Weiterentwicklung natürlich nicht, aber sie können sich auch nur ganz schlecht damit anfreunden, dass Du jetzt nicht mehr zu allem *Ja und Amen* sagst und sie nicht mehr so häufig um ihre Meinung bittest. Ein „Nein" zu äußern wird Dir zunächst oft noch schwer fallen, aber je konsequenter Du bist, desto größeren Respekt wirst Du nach und nach von den meisten entgegengebracht bekommen. Schließlich lernt auch Dein Umfeld aus Deinen neuen Erkenntnissen, wenn Du sie immer wieder mit Deinen neuen Verhaltensweisen konfrontierst.

Das gilt natürlich auch für Deinen Partner. Auch ihm tut es gut, dass Du Dich aus der Opferhaltung des kleinen Mädchens befreist und langsam zu einer mutigen und authentischen Frau wirst, die ihren eigenen Wert von nichts und niemandem mehr untergraben lässt.

War er bisher derjenige, der Deinen Ego-Wünschen nicht nachgab, so wendet sich das Blatt eines Tages ganz gewaltig und Du wirst seine Ego-Bedürfnisse nicht mehr befriedigen wollen und können. Aber nicht, weil Du ihn nicht mehr liebst, sondern ganz im Gegenteil, weil Du auch ihm ermöglichen möchtest, an sich selber zu wachsen. Auch er muss sich seiner eigenen Verantwortung für sein Leben bewusst werden. Weder darfst Du Dein Glück von ihm, noch darf er sein Glück von Dir abhängig machen.

Also schleifen sich Eure Egos immer noch ein Stück weiter aneinander ab und Ihr spürt so immer mehr, wie wunderbar es sich anfühlt, wenn sich die wahre Liebe mehr und mehr in Euch ausbreitet. Und eine, zu sich selbst erwachte, wilde Frau ist sich nicht nur ihrer eigenen Verantwortung für sich selber bewusst. Sie unterstützt gleichzeitig jeden um sich herum, sich ebenfalls seiner Verantwortung bewusst zu werden. So gibt sie jedem, der sich auf sie einlässt, einen Einblick auf die Liebe. so, wie sie wirklich gemeint ist.

Diese wilde Frau, mit ihrem ungeschützten, großmütigen Herzen, genießt ihre innere Freiheit und weist jeden in seine Schranken, der auch nur annähernd versucht, sie in eine Art Abhängigkeit zu drängen. Sie lässt sich nicht beeindrucken von jeglichen Manipulationsversuchen, denn sie kann hinter die Fassaden ihrer Mitmenschen sehen und weiß, was sich dahinter verbirgt...

Das Dunkle

Wenn eine Frau sich auf ihrem Weg so weit in den Wald hineingewagt hat, dass eine Lichtung nirgendswo mehr erkennbar ist, dann befindet sie sich buchstäblich in den Tiefen ihrer Seele und muss auch diese behutsam ergründen.

Sie stößt auf längst vergessene Wunden, an die sie sich nie wieder erinnern wollte. Aber die Liebe führt Dich unweigerlich auch an die dunkelsten Stellen Deines Wesens und möchte nun eindringlich von Dir betrachtet werden.

Du spürst, wie Dein Herz in Deiner Brust schmerzt und Dein Atem nur noch flach und unregelmäßig geht. Du möchtest vor Deinen Wunden davon laufen, aber da Du keine Ahnung hast, welche Richtung Du einschlagen sollst, bleibt Dir nichts anderes übrig, als einfach genau dort stehen zu bleiben, wo Du gerade bist und Dir anzusehen, was da so schmerzt.

Du hast durch Deinen erkannten Selbstwert und Deiner, Dir nun, bewussten Eigenverantwortung gelernt, dass Du innerlich stärker bist, als Du es jemals für möglich gehalten hättest. Und genau diese bisher errungene Stärke verleiht Dir nun auch den Mut, Dich mit Deinen dunklen Seiten auseinanderzusetzen. Statt Deinen Weg jetzt also ziellos weiter zu gehen, bleibst Du einfach für eine gewisse Zeit an genau dem Ort, an dem Du Dich gerade befindest.

Atme tief ein und sieh Dir Deine Schmerzen an. Viele davon werden noch aus Kindheitstagen stammen. Da sind hässliche Worte von Menschen, die Du liebst und von denen Du solche Worte niemals hättest hören wollen. Sie haben sich wie Schläge tief in Deine Seele eingebrannt und dort schreckliche Narben hinterlassen. Dort sind ebenfalls hässliche Worte, die Du geliebten Menschen entgegengeschleudert hast und die Dir nun entsetzlich leidtun. Außer schmerzlichen Worten findest Du in den Tiefen Deiner Seele auch viele Handlungen oder unterlassene Handlungen, die unermessliche Verletzungen und großes Leid hinterlassen haben.

Und all das fühlt sich jetzt, wo Du es Dir ganz bewusst anschaust, sehr scheußlich an. Du reißt hier quasi alle Wunden noch einmal auf und lässt sie bluten, ohne etwas dagegen zu unternehmen. Das Blut strömt aus ihnen heraus und Du fühlst alles in Dir pulsieren. Deine Tränen möchten fließen. Gestatte es ihnen. Lass alles heraus, was an Schmerzen gerade heraus treten möchte. Wichtig dabei ist nur, Dich darin nicht zu verlieren. Nimm es wahr, spüre es, aber lass Dich nicht von den Schmerzen erdrücken! Denn dann bist Du wieder in einer Opferrolle voller Emotionen gefangen, aus der Du Dich nur allzu schwer wieder raus manövrieren kannst.

Am Anfang lässt Du sicherlich nur zu, dass sich die kleinen Wunden öffnen. Doch mit der Zeit spürst Du, wie sich die Verletzungen jetzt, wo Du sie ansiehst, auf natürliche Weise zu schließen beginnen und komplett ausheilen. Das Blut bildet eine Kruste darüber und bröckelt ab, wenn die Wunde komplett verschlossen ist. Du bemerkst, wie gut es tut, sich mit all dem Unschönen zu befassen und sich nach und nach eine Linderung einstellt. So wirst Du alsbald immer mutiger, Dir auch die größten und schrecklichsten Verletzungen anzusehen und sie ausbluten zu lassen.

Und was Du dann ganz plötzlich erkennst, wird zu einer der größten Erkenntnisse, die Du jemals hier auf Erden erfahren kannst. Du weißt nämlich auf einmal, dass all die Wunden, die Du in Dir trägst, auch in jedem anderen Menschen zu finden sind.

Du begreifst, dass alle Lebewesen eine dunkle Seite in sich tragen und dass die meisten Verletzungen, die Dir ein anderer zufügt, nur aus einem reinen Selbstschutz heraus geschehen. Durch diese Erkenntnis beginnst Du, ein Verständnis für Dich und die Menschen um Dich herum zu entwickeln, das mit dem normalen Verstand nicht zu erklären ist. Dein Herz ist nun fähig, durch die Ego-Maskerade anderer hindurchzusehen und ein tiefes Mitgefühl für jegliche Verhaltensweisen zu empfinden.

Wenn wir uns wieder einmal ein Märchen zur Veranschaulichung ansehen, so wäre „Die Schöne und das Biest" wohl für solch eine Erkenntnisgewinnung gut geeignet. Die schöne Belle will anfangs nichts von dem scheußlichen Biest wissen, denn sein Äußeres und sein Benehmen wirken zunächst sehr abschreckend. Doch irgendetwas in ihr erkennt, dass hinter der Fassade dieser scheußlichen Kreatur ein gutes, großes und verwundbares Herz schlägt. Belle lernt, das Biest zu lieben – so, wie es eben ist. Seine Dunkelheit erschreckt sie nicht mehr. Und das Biest ist zunächst verwirrt, dass es einen Menschen gibt, der es trotz all seiner Verfehlungen und seiner abstoßenden Fassade, nicht von sich stößt, sondern seinen guten Kern erkennt und in der Lage ist, es rückhaltlos zu lieben. Erst das bietet ihm die Möglichkeit, sein wahres Inneres nach außen zu kehren.

So ist das in unseren Beziehungen ebenfalls. Anfangs halten wir uns alle für das Biest und tun so ziemlich alles dafür, dass niemand unseren wahren Kern entdeckt, der umgeben ist voller tiefer Wunden und hässlichen Narben. Zwar wünschen wir uns zutiefst, dass es jemanden geben möge, der uns und unser Herz errettet, aber tief in uns drin halten wir uns lange Zeit einfach nicht für wertvoll genug, um einem anderen Menschen wahrhaft begegnen zu können. Aber wir bemerken auch, wie gut es tut, wenn all unsere Verletzungen behutsam berührt werden und durch die Sanftheit der Liebe heilen können.

Doch ist es immens wichtig, sich seinen eigenen Verwundungen zuzuwenden, denn nur dann können sie eine wirkliche Heilung erfahren und auch nur dann werden wir die Erkenntnis gewinnen, dass wir alle aus dem gleichen Stoff gewirkt sind! Wir müssen uns zunächst einmal selber bedingungslos lieben, wenn wir wirklich liebesfähig sein wollen!

Urteile

Es passiert jeden Tag unzählige Male: wir begegnen einem Menschen und bilden uns sofort ein Urteil über ihn. Dabei ist es oft sogar nur die äußere Erscheinung, die uns dazu bewegt, jemanden in eine bestimmte „Schublade" zu stecken. Wirkt jemand ungepflegt, stempeln wir ihn schnell als asozial ab; trägt jemand einen akkuraten Anzug, halten wir ihn gleich für eingebildet und oberflächlich; begegnet uns ein Mensch mit einem sympathischen Lächeln, kann er einfach nur herzensgut sein; etc.

Lernen wir einen Menschen näher kennen, revidieren wir unsere Meinung manchmal, manchmal verhärten sich unsere Urteile aber noch.

Unser Verstand ist so einfach gestrickt, dass er die Angewohnheit hat, alles und jeden um sich herum zu katalogisieren. Er bildet sich ein, das, was er bereits zwei- dreimal gesehen und erfahren hat, ist nun auch auf alles weitere, was ähnlich erscheint, zutreffend. So bilden sich auch immer wieder zahlreiche Massen-Meinungen, wie beispielsweise, dass alle Deutschen für ihr Leben gerne Bier trinken und Schweinebraten Leben; dass Italiener stets nur Pizza und Pasta essen; dass alle Polen klauen wie die Raben; etc.

Wir sind bereits in unserer Kindheit mit allerlei Urteilen konfrontiert worden. Über uns selber und auch über andere. Ist ein Kind in einem Schulfach nicht so gut, wie andere Kinder, dann ist es in den Augen anderer gleich dumm. Ist ein Kind vielleicht in fremden Situationen erstmal etwas zurückhaltend, so liegt es doch schon auf der Hand, dass es immer schüchtern ist. Und sagt ein Kind seine Meinung, ist es frech und vorlaut.

Als Kinder hören wir diese Urteile nicht nur einmal, sondern ständig, denn die Gesellschaft hat nun einmal dieses Schubladendenken und jedes Kind wird erbarmungslos in eine dieser Schubladen gepresst. Was dabei unweigerlich passiert, ist, dass das Kind diese Schublade, in die es hineingesteckt wurde, selber übernimmt. So wird sich ein eher ruhigeres Kind immer mehr anpassen und sich vielleicht noch viel mehr zurückziehen, um genau diesem Bild von ihm weiterhin zu entsprechen. Ein aufgeschlossenes Kind wird vielleicht immer mehr auf seine Mitmenschen zugehen und keine natürlichen Schutzgrenzen mehr entwickeln, weil es ja so weltoffen und aufgeschlossen ist.

Wir übernehmen also bereits als Kinder die Meinungen anderer über uns, hauptsächlich natürlich erstmal die Ansichten unserer engsten Bezugspersonen. Das können mal als positiv, mal als negativ bewertete Standpunkte sein. Aber letztendlich sind es schlicht und ergreifend Urteile über uns, von denen wir uns bis zu einem gewissen Zeitpunkt nicht einmal Gedanken machen, ob wir ihnen wirklich entsprechen.

Wenn Du Deinem Partner begegnest, dann wirst Du mit der Zeit immer mehr feststellen, dass Du alle Urteile über Euch und Eure Situation fallen lassen musst. Du erkennst, dass es völlig egal ist, ob er Deinen äußeren Ansprüchen entspricht, ob er sich so verhält, wie Du es Dir wünschst oder ob sein Verhalten Dich wütend macht, etc. Die Liebe zu ihm ist immer da! Anfangs ist es in der Regel so, dass Du alles an Deinem Partner toll findest und er Dir einfach perfekt erscheint. Und Du denkst, dass es dann auch natürlich Liebe ist, die Du für ihn empfindest.

Und dann, nach und nach, entdeckst Du auch seine nicht so perfekten Eigenheiten und spätestens, wenn er sich nach einer anfänglich berauschenden gemeinsamen Zeit von Dir entfernt, beginnst Du, ihn mit etwas kritischeren Augen zu sehen. Und nun bist Du Dir vielleicht gar nicht mehr sicher, ob das denn dann überhaupt noch Liebe sein kann. Wenn er sich Dir gegenüber nicht so verhält, wie Du und die Gesellschaft das von einem Partner erwarten, dann wirst Du schnell das Urteil fällen, dass dies doch keine Liebe sein kann.

Die logische Konsequenz für uns müsste nun so aussehen, dass wir uns von unserem Partner abwenden und versuchen, einen passenderen zu finden. Und so passiert es anfangs auch oft. Du versuchst, einfach einen neuen Mann zu finden und Deinen Partner, der sich in Deinen Augen nicht richtig verhalten und Dich zunächst zurück gelassen hat, zu ersetzen.

Was Du aber sehr schnell bemerken wirst, ist, dass Du Liebe nicht einfach katalogisieren oder gar x-beliebig ersetzen kannst. Du wirst immer wieder damit konfrontiert dass, egal, wie sehr Du versuchst, Dich Deiner Liebe zu Deinem Partner zu entziehen, es letztlich einfach nicht schaffen kannst. Diese Liebe ist stärker als jedes Urteil, dass je über etwas und jemanden gefällt werden kann!

Deinem Partner wird es genauso ergehen. Auch er wird Dinge an Dir verurteilen, Dich versuchen, in eine Schublade zu stecken und sie dann ganz schnell zu verschließen. Ganz nach dem Motto: aus den Augen aus dem Sinn.

Aber auch seine Liebe zu Dir wird immer wieder präsent sein, auch, wenn er vielleicht ebenfalls versucht, eine andere Partnerin zu finden oder bei seiner Frau zu bleiben. Es gibt kein Entrinnen für Euch und so erkennt Ihr immer deutlicher, dass jegliche Urteile keine Auswirkungen auf die wahre, bedingungslose Liebe haben.

Wenn wir durch die Phase unserer tiefsten Ängste gegangen sind, und uns bewusst wird, dass wir alle tiefe Wunden in uns tragen, werden wir auch aufhören, vorschnelle Urteile zu fällen. Dabei ist es egal, ob es sich um Urteile über Menschen oder Situationen im Allgemeinen handelt. Wir wissen nun ganz einfach, dass unserem Verstand gar nicht das Recht zusteht, sich ein Urteil über etwas zu bilden, was er nicht wirklich für sich erforscht hat.

Wir haben von allen Verhaltensweisen etwas in uns. Manche davon sind ausgeprägter als andere, aber jeder von uns trägt alle Facetten in sich, die man sich nur vorstellen kann. Kein

Mensch ist ausschließlich entweder so oder so. Und jegliche Verhaltensweisen, die ein Mensch Dir gegenüber zeigt, haben einen Grund, einen Ursprung. Dieser Grund hat mit Dir zunächst einmal rein gar nichts zu tun.

Wenn Dein Partner sich nach der schönen Anfangszeit erstmal wieder zurückzieht, tut er dies vielleicht einfach ohne großartige Erklärungen. Er meldet sich nur einfach nicht mehr. Oder aber er beschimpft Dich, dass Du zu viel von ihm forderst, ihm auf die Nerven geht, etc. Egal, wie sein Fluchtversuch aussehen mag, er verhält sich in dem Moment nur so, wie er es in seinem Leben bisher kennengelernt hat. Ist er wütend und beschimpft Dich, dann liegt es also nicht an Dir persönlich. Er weiß sich in diesem Moment nur einfach nicht anders zu helfen, weil er aus seinem bisherigen Erfahrungsmuster heraus handelt. Daran bist weder Du Schuld, noch er selbst.

Konnten wir ihn also erst einmal gar nicht verstehen, weil wir gänzlich andere Muster erlernt haben, so entwickeln wir nun aber eben das Verständnis, das es einfach braucht für ein gutes Miteinander, das auf wahren Respekt beruht. Und diesen Respekt brauchen wir nicht nur in dieser Liebesbeziehung, sondern auch in all unseren Begegnungen mit anderen Menschen.

Die tiefen Wunden, die wir in uns selber heilen konnten, helfen uns dabei, unseren Mitmenschen mit anderen Augen zu begegnen. Du nimmst ihre Reaktionen nicht mehr so persönlich, wie Du es bisher getan hast. So werden Dich harte Worte, die scheinbar gegen Dich gerichtet sind, nicht mehr wirklich treffen können. Du kennst Deinen eigenen Wert und somit ist es Dir egal, ob Dich jemand verurteilt. Du weißt, dass Du nicht auf die Meinung einer anderen Person angewiesen bist und das schenkt Dir eine enorme innere Freiheit.

Du wirst auch damit aufhören, anderen Menschen ungefragt Ratschläge zu erteilen, denn auch darin liegen Urteile verborgen, die Deinem Gegenüber schaden könnten, statt ihm hilfreich zu sein. Wir können ihm vielleicht sagen, was wir in seiner Situation tun würden, aber wir werden auch immer klar und deutlich zu verstehen geben, dass es in seiner eigenen Verantwortung liegt, wie er sich letztlich entscheidet. Schließlich weiß eine erwachte, wilde Frau, dass jedes Individuum seinen eigenen, unvergleichlichen Weg hat und dass es keinem anderen zusteht, ein Urteil über die „richtige" Richtung zu fällen.

Masken enttarnen

Sobald Du Deine tiefen Wunden geheilt hast und die Urteile über Dich selbst und die Menschen allgemein mehr und mehr fallen lässt, wird es Dir auch immer einfacher möglich sein, all die Masken zu enttarnen, die man Dir vorhält.

Menschen schlüpfen tagtäglich in die unterschiedlichsten Rollen hinein, um etwas darzustellen, sich anzupassen und unverletzbar zu wirken. In den meisten Fällen sind wir uns nicht einmal bewusst darüber, dass wir gerade eine Maske tragen. Wir glauben viel eher, dass wir genauso sind, wie wir uns gerade geben. Als Beispiel nehmen wir doch einmal einen Angestellten einer Bank, der jetzt, in diesem Moment einen wichtigen Kunden empfängt. Es ist egal, welche Erlebnisse dieser Bankangestellte bereits zuvor im Laufe des Tages hatte, egal, wie es ihm gerade gesundheitlich geht und egal, was er persönlich von seinem Kunden hält. In dem Moment, wo er den Kunden empfängt und in ein Gespräch mit ihm geht, wird er eine Maske tragen. Er wird dem Kunden sein bestes Sonntags-Lächeln schenken, freundlich, zuvorkommend und entgegenkommend sein. Denn genau DAS wird in diesem Moment von ihm erwartet. Schließlich könnte es sonst ganz leicht passieren, dass der Kunde sich eine andere Bank sucht und das soll unter allen Umständen verhindert werden.

Und so begegnen uns in allen Bereichen des alltäglichen Lebens immer wieder die unterschiedlichsten Masken. Manchmal ertappen wir uns selber dabei, dass wir gerade anders handeln, als wir es eigentlich gerne würden. Nehmen wir mal an, Du begegnest einer Bekannten, die so überhaupt nicht in Dein Lebenskonzept passt und der Du gerade eigentlich überhaupt nicht begegnen willst. Und nun steuert diese Bekannte direkt auf Dich zu... Und was tust Du? ... Natürlich schenkst Du ihr ein ganz liebreizendes Lächeln, sagst ihr, wie sehr Du Dich freust, sie zu sehen... Im schlimmsten Fall lädst Du sie vielleicht auch noch spontan auf einen Kaffee ein, weil Du Dich ja so sehr freust, ihr begegnet zu sein ;-)

Und hinterher ärgerst Du Dich über Dich selber, weil Du so „falsch" warst.

Verstehst Du, was ich meine? Wir sind immer darauf ausgerichtet worden, was unser Umfeld jetzt wohl von uns erwarten würde, um ja einen schönen Schein zu wahren.

Du kennst sicherlich auch diese tolle Standardfrage, die einem jedes Mal gestellt wird, wenn man mit einer anderen Person in Kontakt tritt: „Na, wie geht es Dir?"

Und jetzt überleg mal, was Du wohl antwortest. In der Regel werden wir antworten, dass es uns gut geht, denn das wollen die Leute auch meist von uns hören. Keiner möchte im Grunde genommen wirklich wissen, wenn es dem anderen gerade schlecht geht. Denn das zieht unsere eigene Stimmung auch schnell nach unten und das wollen wir natürlich nicht. So setzen eben zwei Gesprächspartner die Masken auf, die sie für eine kurze gesellschaftliche Konversation benötigen.

Vielleicht hast Du in Deiner Kindheit auch das Gefühl gehabt, dass die, Dir vertrauten Erwachsenen, scheinbar aus mehreren Persönlichkeiten bestanden. In manchen Momenten waren sie freundlich und zugewandt, in anderen Momenten reagierten sie plötzlich aggressiv und kühl oder auch mal gleichgültig. Und Du hast es einfach nicht verstanden. Du wusstest nicht, dass alle Menschen ständig in die unterschiedlichsten Rollen schlüpfen, nur um eine bestimmte Reaktion im Gegenüber auszulösen.

Auch Du und Dein Partner habt zu Beginn Eurer gemeinsamen Zeit immer wieder versucht, die unterschiedlichsten Rollen zu spielen. Ihr habt diverse Masken aufgesetzt, in der Hoffnung, die gewünschte oder auch erwartete Reaktion von Eurem Partner zu erhalten. Und eines habt Ihr ganz deutlich immer wieder zu spüren bekommen. Die gewünschten und erwarteten Reaktionen blieben aus – immer mehr.

Aber wieso ist das so? Weil Ihr intuitiv hinter die Masken Eures Partners sehen könnt. Das konntet Ihr bereits vom ersten Moment an, genauso wie er! Und genau das hat Euch in eine innere Panik versetzt. Es hat Euch Angst gemacht, weil damit auch all Eure eigenen Verletzlichkeiten und Unzulänglichkeiten gesehen wurden. Ihr fühltet Euch nackt und schutzlos einer Person ausgeliefert, die Euch doch eigentlich noch gar nicht wirklich kennen konnte. Und doch war alles, was Ihr in Euch trugt, für den jeweils anderen ganz offensichtlich.

Was tut man automatisch, wenn man sich so nackt und schutzlos fühlt? Man flieht! Augenscheinlich vor dem Partner und vor sich selber. Auch wir Frauen sind geflohen. Es wirkte nach Außen nur anders, weil wir unserem Partner ja hinterherliefen. Innerlich sind wir aber genauso davongerannt wie er. Das haben wir aber erst bemerkt, als unser Partner irgendwann von sich aus wieder auf uns zugegangen ist. Da haben wir die feinen Impulse in uns gespürt, weglaufen zu wollen. Wir hatten Angst, Angst vor dieser wahnsinnig großen Liebe, eben weil sie uns alle Masken vom Gesicht reißt. Egal, was Du zu Deinem Partner sagst, er wird immer genau wissen, ob das Gesagte wahr ist oder nicht. Und Du selber weißt es bei ihm im Gegenzug auch. Du weißt einfach, ob er sich wahrhaftig verhält oder ob er eine „Schutzmaske" trägt. Es ist keine Spekulation, kein Raten, nein, es ist pures Wissen. Ein Wissen, das mit dem Verstand nicht zu erklären ist. Natürlich gilt das nicht nur für gesagte oder ungesagte Worte, sondern eben auch für alle Handlungen, Nicht-Handlungen, Gedanken, Gefühle,… Alles wird schonungslos enttarnt.

Bis Du diese vielen kleinen Puzzleteile wirklich zusammensetzen kannst, dauert es manchmal eine ganze Zeit lang, denn Du hast bisher immer nur Fragmente Eurer Geschichte (an)gesehen. Und all die Masken, all die Rollen, die täglich von allen Menschen benutzt werden, gehören zu unserer „Realität". Sie sind ein Teil des öffentlichen Lebens und werden von uns allen als völlig NORMAL bewertet. Alles, was aus dieser Normalität herausfällt, löst Ängste in uns aus. Deshalb dauert dieser Prozess der bedingungslosen, wahren Liebe auch so lange. Weil wir uns gaaaaanz lange nicht mit unseren eigenen Ängsten auseinandersetzen wollen. Wir halten lieber noch ein bisschen mehr an all den Masken fest, weil sie uns schon so vertraut geworden sind in all den Jahren.

Nun erkennst Du aber alle möglichen Manipulationsversuche und kannst dementsprechend anders darauf reagieren. So unangenehm das manchmal auch für Dein Gegenüber sein mag (und das gilt für jeden, dem Du gegenübertrittst, nicht nur für Deinen Partner), so heilsam kann es aber auch für ihn, und auch für Dich sein.

Es wird immer wieder Menschen geben, die sich in Deiner Gegenwart unwohl fühlen, weil sie instinktiv spüren, dass Du sie durchschaust. Sie werden Dich möglichst meiden, weil sie sich nicht mit ihren eigenen Unzulänglichkeiten auseinandersetzen wollen oder einfach noch nicht können. Aber Du kannst sie gehen lassen, denn Du weißt, dass Du Ihre Abgewandheit nicht mehr persönlich nehmen musst.

Du bist Dir bewusst darüber, dass alle Masken auch nur wieder ein Teil des Egos sind. Diese durftest Du im Laufe Deines Prozesses enttarnen und abnehmen. Und Du weißt, dass Du all das ohne diese besondere Liebe niemals hättest erkennen können, zumindest nicht so schonungslos.

Du und Dein Partner erkennt mit zunehmendem „Reife-grad", wie wunderbar es sich anfühlt, sich ohne all diese Rollen und Masken begegnen zu können. Ihr wisst irgendwann einfach, dass Ihr Euch Eurem Partner genauso zeigen könnt, wie Ihr eben seid. Denn SO, wie Ihr SEID, werdet Ihr geliebt! Und das war bereits von Anfang an so!

Annehmen

Nachdem Du und Dein Partner bereits einige Phasen hinter Euch gebracht habt, entwickelst Du langsam doch wirkliches Vertrauen in diese, eher ungewöhnliche Beziehung. Du hast feststellen dürfen, dass, je gelassener Du warst und Du Deinen Partner einfach hast seiner Wege gehen lassen, dass er doch immer wieder zu Dir zurückkam. Anfangs fiel es Dir schwer, wirklich bei Dir zu bleiben und Dich Deinen eigenen Themen zu widmen. Du hast vielleicht doch immer mal wieder versucht, Deinen Partner über das Telefon zu erreichen oder ihn gar zu treffen. Aber ich bin mir sicher, dass er Dich hat oftmals auflaufen lassen, dass er weder auf Telefonanrufe noch auf Nachrichten von Dir reagiert hat, von einem Treffen ganz zu schweigen.

Und natürlich hast Du anfangs immer wieder gedacht, es läge an Dir und Du hast vielleicht an seinen Gefühlen für Dich gezweifelt. Du warst schließlich erst am Anfang einer langen Reise zu Dir selbst.

Irgendwann hast Du dann aber erkannt, dass das einzige, was Euch beiden vielleicht doch irgendwie helfen könnte, wirklich Dein Loslassen wäre. Und dabei ist es egal, ob Du ihn letztendlich losgelassen hast, weil Du Dich mit festem Willen dazu entschlossen hast, oder ob Du einfach zu müde und zu enttäuscht warst, um Dir immer wieder diese Verletzungen durch ihn abzuholen.

Aber irgendwann kommt immer der Zeitpunkt, an dem Du ins Ungewisse springen musst, weil Dich alles andere schlicht und ergreifend nicht vorwärts bringt. Manche Frauen brauchen dafür relativ kurze Zeit, bei manchen dauert es viele Jahre, bis sie es wirklich wagen, alles auf eine Karte zu setzen. Und denk daran, Loslassen nicht mit dem Begriff des Verlassens oder Verlusts gleichzusetzen. Es bedeutet vielmehr, Vertrauen in die Zyklen der Liebe und des Lebens zu entwickeln und Dinge einfach geschehen lassen können.

Nun habt Ihr, wie gesagt, bereits einige Phasen gemeistert und Du durftest wirklich voller Staunen feststellen, dass Dein Partner immer mal wieder ein Lebenszeichen von sich gab. Und je mehr Vertrauen Du in Euren Weg entwickelt hast, desto kürzer wurden vermutlich zunächst die Abstände, in denen er etwas hat von sich hören lassen oder Ihr getrennt voneinander ward. Woran das liegt, erkläre ich in einem anderen Kapitel. Denn jetzt wollen wir erstmal sehen, was es mit dieser Hürde des Annehmens auf sich hat. Vermutlich denkst Du, dass das sicherlich gar keine Hürde ist, denn Annehmen ist doch eigentlich ganz leicht.

Und genau das ist es eben nicht. Wir setzen diesen Begriff häufig gleich mit dem Begriff des Bekommens. Aber diese zwei Worte meinen etwas gänzlich Unterschiedliches. Statt des Wortes Annehmen könnten wir auch sagen: Empfangen.

Nehmen wir an, Du wünschst Dir zu Weihnachten ein ganz bestimmtes Kleid von Deiner besten Freundin. An Weihnachten liegt tatsächlich genau dieses Kleid unter dem Weihnachtsbaum. Jetzt hast Du genau das bekommen, was Du Dir gewünscht hast.

Wenn Du Dir nun aber gar nichts Bestimmtes gewünscht, vielleicht nicht einmal ein Geschenk von Deiner Freundin erwartet hast und sie steht zu Weihnachten überraschend mit einem schicken Kleid vor Dir, das Du ganz umwerfend findest, dann nimmst Du es gerne an und freust Dich einfach aus tiefstem Herzen darüber, dass Deine Freundin an Dich gedacht hat.

Ich bin mir sicher, dass die Freude im Falle des Annehmens für Dich letztlich viel größer ist, als wenn Du „nur" Deinen Wusch erfüllt bekommen hast. Natürlich freuen wir uns über so etwas auch, aber das Besondere liegt doch eigentlich darin, dass Deine Freundin es einfach gut mit Dir gemeint hat und sie Dir auf ihre eigene Art und Weise gezeigt hat, dass sie Dich genau kennt und weiß, was Du Dir von Herzen wünschst.

Wir können also sagen, dass wir etwas annehmen, wenn wir überhaupt keinerlei Erwartungen haben. Wir empfangen einfach. "Bekommen" hat bei uns in der Gesellschaft immer etwas mit einer Erwartungshaltung zu tun. Entweder bekommen wir das, was wir uns gewünscht haben und freuen uns darüber, oder wir bekommen eben nicht das, was wir uns erhofften und sind enttäuscht und verärgert.

Wenn wir aber keinerlei Erwartungen haben, dann können wir auch nicht enttäuscht werden.

Wie oft hast Du gerade zu Beginn Eurer Liebesbeziehung immer wieder bestimmte Erwartungen an Deinen Partner gehabt?! Du hattest ganz klare Vorstellungen davon, wie häufig Ihr Euch treffen solltet, wie er Dir seine Gefühle für Dich zeigen sollte, etc. Natürlich hast Du das nicht aus einer bösen Absicht heraus getan, sondern weil Du es gar nicht anders kanntest. Ich sagte ja bereits, dass unsere Gesellschaft ziemlich genaue Vorstellungen von allem hat. Das gilt natürlich auch für Beziehungen. Immerzu brauchen wir Beweise, dass der andere uns doch wirklich immer noch liebt. Es reicht nicht, wenn er Dir das zwei- oder dreimal täglich sagt, nein, Du möchtest es noch weitere dreimal hören. Und kommt Dein Partner nicht von alleine auf die Idee, Dir zu zeigen, was Du ihm bedeutest, dann rennst Du hinter ihm her und forderst es so lange ein, bis er es Dir schließlich genauso zeigt, wie Du es Dir wünschst.

Aber mit diesem Verhalten und mit dieser extremen Erwartungshaltung setzt Du Deinen Partner mächtig unter Druck und die Abwärtsspirale, in die Ihr dann geratet, dreht sich unaufhaltsam nach unten, bis Ihr die Spitze erreicht habt und die schönen Gefühle in Euch nur noch wie eine Erinnerung an einen zarten Windhauch spürbar sind.

Mittlerweile haben wir aber gelernt, dass die Gesellschaft ganz andere Vorstellungen von Liebe hat, als die Liebe tatsächlich gemeint ist. Die bedürftige Liebe, die dem Ego entspringt, hat mit der wahren Liebe nichts gemeinsam. Wahre Liebe ist, wie bereits erwähnt, bedingungslos, wunschlos. Und das bedeutet, dass wir mit der Zeit immer mehr aufhören, etwas Bestimmtes von unserem Partner und letztlich auch von unserem Umfeld allgemein zu erwarten.

Waren wir anfangs noch schockiert, wenn er sich vielleicht nicht einmal zu unserem Geburtstag meldete, so haben wir irgendwann verstanden, dass er es zu diesem Zeitpunkt einfach nicht konnte. Aber nicht, weil er nicht an uns gedacht hat, nicht, weil es ihn nicht interessierte und schon gar nicht, weil er uns nicht mehr liebte. Nein, genau das Gegenteil ist der Fall. Seine Gefühle waren so stark und die Sehnsucht in ihm so groß, dass er es einfach nicht übers Herz gebracht hat. Denn er spürte einfach, dass Du gleich wieder in einen Sog verfallen würdest, der Euch wieder in alte Verhaltensmuster gewirbelt hätte. Er wollte Deine Ego-Knöpfe jetzt einfach nicht bedienen. Denn hätte er sich gemeldet, wärst Du damit vielleicht im ersten Moment zufrieden gewesen, aber es wäre sehr schnell schon wieder nicht genug gewesen. Vielleicht wären Dir seine Glückwünsche zu gering erschienen oder der Zeitpunkt hätte Dir nicht gepasst, etc. Das wäre dann Dein unbewusster Sog gewesen. Dein Partner hat, wie schon so oft, einfach intuitiv gewusst, dass es Eurer Liebe nicht dienlich gewesen wäre, wenn er sich bei Dir gemeldet hätte – egal ob zum Geburtstag, zu Weihnachten oder sonst irgendwann. Dein Ego konnte in all der Zeit nur ganz langsam kapitulieren und absterben, indem er Dir einfach Deine sehnlichsten

Wünsche nicht erfüllt hat. In ihm hätte das nämlich wieder eine Menge Druck angestaut – Dein unbewusster Erwartungsdruck, der für ihn immer wieder präsent gewesen wäre, hätte er sich zu früh auf Dich zubewegt.

Hast Du also Dein Ego schon ein ganzes Stück weit durch Deinen Partner abgeschliffen, wird dieser eines Tages wieder auf Dich zugehen. Dabei ist er sehr behutsam, denn er muss sich quasi erstmal ganz sachte davon überzeugen, dass Du Dich aus Deiner „Abhängigkeit" von ihm gelöst hast. Auf der einen Seite möchte er das nämlich unbedingt, denn das Gefühl, dass ein anderer Mensch von ihm so dermaßen gebraucht wird, ist furchtbar beklemmend für ihn. Auf der anderen Seite hat er aber auch Angst davor, denn damit könnte es ihm schließlich auch passieren, dass die wunderbare Frau, die er doch von ganzem Herzen liebt, sich einen anderen Mann sucht und ihn damit vergisst.

Also nimmt er seinen ganzen Mut zusammen und wird sich bei Dir melden. Oder Ihr begegnet Euch wie zufällig irgendwo. Natürlich ist es niemals Zufall, wenn es so ist. Sobald sich die unglaublichen Energien, die zwischen Euch fließen, beruhigt haben, wird Gott (oder an was oder wen immer Du glaubst) immer eine Möglichkeit finden, Euch wieder in Verbindung zu bringen.

Und diese neuen Annährungsversuche sind für beide Partner etwas gänzlich Neues. Wenn Du Dich an Eure Anfangszeit erinnerst, dann warst Du meist diejenige, die Kontakt zum

Partner gesucht hat, die, die versucht hat, die Beziehung in ein bestimmtes Schema zu pressen...

Nun hast Du aber bereits so viel gelernt. Du weißt jetzt, dass Du auch ohne Partner überleben kannst ;-) Es geht Dir gut, denn Du hast mittlerweile viel an Selbstbewusstsein und Selbstvertrauen erlangt. Und trotzdem fühlst Du Dich nun, wo Dein Partner tatsächlich die ersten Schritte nach langer Zeit auf Dich zugeht, unsicher und etwas ängstlich. Das liegt daran, dass Du natürlich innerlich spürst, dass Du keinesfalls Dein altes Verhalten wieder an den Tag legen darfst und Dich jetzt wieder zu schnell auf irgendetwas einlässt. Aber Du hast auch keine wirkliche Ahnung, was denn jetzt das richtige Verhalten ist.

Sehen wir uns dazu einmal das natürliche Verhalten zwischen Männern und Frauen an oder auch das Verhalten unter Tieren. Sie wissen instinktiv genau, wie sie sich verhalten müssen, um eine Bindung miteinander eingehen zu können.

Die Frau ist die Umworbene, die Kostbarkeit, die es gilt, von sich zu überzeugen. Schließlich hat sie ein besonderes Reich, in das der Mann Einlass bekommen möchte.

Und die Frau weiß instinktiv sehr genau, dass sie es ist, die darüber entscheidet, wen sie in ihre Tiefen hineinlassen möchte und wen nicht. Sie weiß aber auch, dass er sich dessen erst einmal würdig zeigen muss. Er muss um sie werben und ihr zeigen, dass er sie auch wirklich in ihrer Tiefe erreichen kann. Ein oberflächlich „liebender" Mann wird von einer, zu sich selbst erwachten, wilden Frau gnadenlos zurück in sein Spielreich geschickt, denn sie weiß, dass er es nicht ernst mit ihr meint und sich nur an ihr erleichtern will. Aber dafür ist sich eine wilde Frau zu schade. Sie weiß, dass ihre Liebesfähigkeit das kostbarste Geschenk ist, das sie einem Mann zuteilwerden lassen kann.

Am Anfang Eurer Beziehung ward Ihr Beide noch nicht in der Bewusstheit darüber. Wohl hattet Ihr eine Ahnung davon, wie eine natürliche, auf Liebe beruhende Bindung erwächst, aber in Eurer Unbewusstheit wähltet Ihr den Weg, den Ihr kanntet. Die Frau rannte dabei dem Mann hinterher und versuchte ihn davon zu überzeugen, dass ihre Tiefen das richtige für ihn seien. Und den Mann, der es anfangs unglaublich aufregend fand, erschreckte es instinktiv zutiefst, dass eine Frau sich so unter Wert „verkaufte".

Ihr ward Beide noch nicht in der Lage, Euch so zu begegnen, wie Ihr es Euch eigentlich von Herzen gewünscht habt. Der Mann, der die weiblichen Energien spürt, entwickelt eine solche unbewusste Angst davor, dass er sich zunächst gar nicht auf die Frau einlassen kann. Die Frau bemerkt das in ihrer Feinfühligkeit und kann gar nicht verstehen, dass ihr Partner sich ihr nicht öffnen kann. Aber es ist wie verhext. Ihr werdet schnell bemerken, dass der Sex zwischen Euch ganz anders verläuft, als Ihr Sex bisher kennengelernt habt. Da ist etwas wirklich Großartiges zwischen Euch, aber Ihr könnt es noch nicht komplett zulassen, Euch fehlt noch das Vertrauen zur absoluten Hingabe aneinander.

Und auch dafür musste Euch das Leben eine ganze Zeit lang trennen. Denn diese besonderen Energien, die zwischen Euch schwingen, sind gerade am Anfang so überwältigend, dass sie Euch regelrecht Angst einflößen.

Aber gerade auf dem Weg alleine, bemerkst Du, dass die Energien sich nach und nach verändern. Die Angst beginnt zu weichen und Du kannst wieder viel freier Atmen. Sobald Ihr an diesem Punkt angekommen seid, zieht es Euch automatisch wieder zueinander hin. Und so kommt Dein Partner also langsam wieder aus seinem Schneckenhaus heraus und Ihr lernt jetzt ein neues aufeinander zugehen.

Da Ihr jetzt lernen sollt, Euch dem natürlichen Verlauf der Liebe hinzugeben, bedeutet das für Euch Frauen, dass Ihr lernt, anzunehmen, zu empfangen.

Das ist zunächst wirklich sehr schwer für Euch Beide, denn für Deinen Partner heißt das im Gegenzug natürlich, dass er lernen muss, auf Dich zuzugehen, um Dich zu werben. Er wird zum Agierenden, Du zur Reagierenden.

Am Anfang wird er sich ziemlich wahrscheinlich erst einmal nach Deinem Wohlergehen erkundigen. Denn er wird schon ein schlechtes Gewissen haben, weil er so lange nichts hat von sich hören lassen. Und er rechnet somit fest damit, dass Du ihm jetzt vielleicht deshalb Vorwürfe machst oder Dich eventuell auch gar nicht zurückmeldest. Mit Deinen neuen Erkenntnissen kannst Du ihn aber nun gewissermaßen in Erstaunen versetzen, denn Du wirst anders reagieren, als er es von einer Frau bislang kennengelernt hat und dementsprechend bereits instinktiv erwartet. Du kannst ihm nämlich nun wahrheitsgetreu sagen, wie gut es Dir geht. Und glaube mir, es geht Dir zu diesem Zeitpunkt wirklich gut ☺ Und er wird überrascht und verwirrt sein über Deine Reaktion ;-)

Wahrscheinlich hält er anfangs aufgrund seiner, von Dir zu erwartenden Vorwürfe, eine Art Sicherheitsabstand zu Dir und seine Annährungsversuche finden über das Telefon statt. Das ist aber nicht schlimm, denn so können sich die Energien zwischen Euch weiterhin erstmal ausbalancieren.

Weiß er nun, dass es Dir gut geht, kann es passieren, dass er zunächst wieder für eine gewisse Zeit untertaucht. Denn nun arbeitet es in ihm. Er fragt sich, warum es Dir denn wohl so gut geht und er hat die Befürchtung, dass ein anderer Mann dahintersteckten könnte. Er überlegt auch, wie er Dir vielleicht vorsichtig zeigen kann, was Du ihm immer noch bedeutest. Dein Verhalten ihm gegenüber verwirrt ihn nun nämlich zutiefst – vielleicht auch erstmal nur sehr unbewusst.

Hat er also eine Idee entwickelt, wird er den Kontakt erneut zu Dir suchen. Er wird Dir schmeicheln und Deiner Seele guttun. Und was tust Du? Du darfst Dir seine Bemühungen einfach gefallen lassen. Einfach so, ohne ihm etwas zurückgeben zu müssen. Und genau da liegt die große Hürde. Du wirst feststellen, dass Du innerlich sofort wieder auf diesen wunderbaren Mann zugehen möchtest und ihm ebenfalls zeigen willst, was er Dir noch immer bedeutet.

Aber hier kommt nun Dein errungenes, inneres Wissen zum Zuge Du hast in all der Zeit ohne Deinen Partner sehr genau reflektiert, wie Eure angelernte Muster ineinandergriffen und siehst auch sehr deutlich, wohin es Euch geführt hat. Also atmest Du einige Male ganz tief durch und überlegst sehr sorgfältig vor jedem Schritt, was Eurer Beziehung jetzt wohl dienlich wäre. Du lässt es also einfach zu, dass Dein Partner in Aktion geht und fragst Deine intuitive Stimme, welche Reaktion wohl angemessen wäre.

So wirst Du vermutlich erstmal feststellen, dass Dein Partner möglichst schnell an Dich „rankommen" will. Er versucht, sein Ego von Dir befriedigen zu lassen, so, wie Du es anfangs mit Deiner überschwänglichen Fürsorge getan hast. Jetzt aber wirst Du ihn auflaufen lassen. Nicht, weil Du ihn nicht mehr genug liebst, sondern eben, weil Du ihn viel zu sehr liebst, um einfach wieder den alten Zustand einschleichen zu lassen. Der Liebesdienst, den er Dir hat in all der Zeit zuvor zukommen lassen, den darfst Du ihm jetzt auch zuteilwerden lassen.

Und das bedeutet einfach, das anzunehmen, was er Dir gerade geben kann und möchte, ohne etwas zurückzugeben, was er insgeheim erwartet. Sei einfach bei Dir selber. Geh Deinen Weg weiter und wenn er sich meldet, dann freue Dich darüber und lerne es zu schätzen. Denn für ihn ist das genauso schwierig, wie für Dich das pure Annehmen.

Das haben wir Frauen nämlich verlernt in all den Jahren unseres bisherigen Lebens. Denn annehmen kann man nur, wenn man sich bewusst darüber ist, dass man es verdient hat, etwas zu bekommen. Einfach so, weil man ist, wie man ist, nicht, weil man etwas dafür geleistet hat!

Und der Mann möchte sich gerne um eine Frau bemühen. Je mehr er für diese Liebe sein Bestes geben musste, desto mehr weiß er diese Frau und ihre bedingungslose Liebe, die sie für ihn empfindet, zu schätzen.

Diese Phase des Annehmens ist eine sehr schöne Phase, weil Ihr Euch auf einer ganz neuen Ebene wiederbegegnet und die ganzen Verstrickungen, in die Ihr verwickelt ward, noch ein Stück weit besser verstehen lernt. Ihr versetzt Euch mehr und mehr in die Lage Eures Partners und versteht immer besser, wie er den ganzen Prozess erlebt hat bisher. Ihr entwickelt ein unendliches Verständnis für Euch selber und für Euren Partner und bringt Euch den größtmöglichen Respekt entgegen, weil Ihr einfach begreift, dass Ihr an Eurer verqueren Lage, in der Ihr Euch befandet, keinerlei Schuld trugt.

Darfst Du am Anfang dieser Phase des Annehmens nun alles Gute annehmen und empfangen, das Dir Dein Partner entgegenbringt, so darfst Du im weiteren Verlauf noch etwas anderes Annehmen, was Dir zunächst gar nicht gefallen wird. Dein Partner wird, ebenso wie Du, immer nochmal zurückfallen in alte Verhaltensweisen, weil das Neue noch nicht sofort integriert ist. Das ist normal und überhaupt nicht schlimm.

Aber es bedeutet, dass Du nun auch seine eventuellen erneuten Rückzüge annehmen darfst. Vielleicht ist sein Ego auch noch so groß und er wird wütend über Deine neuen Verhaltensweisen, die ihm nun nicht die erhoffte Befriedigung seiner Bedürfnisse brachten. Es kann also sein, dass er Dich beschimpfen wird oder Dir mit Verlust droht, wenn Du Dich jetzt nicht auf ihn einlässt.

Sieh es als eine gute Gelegenheit an, ihm zu zeigen, dass Du mit allem einverstanden bist, was er Dir entgegenbringt. Lasse Dich nicht aus Deiner Mitte bringen und Dir gar Angst von ihm machen. Du weißt sehr genau, dass er nur aus eigener Verlustangst so handelt und dass er die Liebe zu Dir genauso wenig abstellen kann, wie Du Deine zu ihm. Denke immer daran, dass Ihr miteinander verbunden seid über Raum und Zeit hinweg. Bisher hatte Dein Partner in gewisser Weise noch die Kontrolle über Dich und war sich bis zu einem bestimmten Punkt ganz sicher, dass Du immer für ihn da bist. Jetzt, in dieser Phase, ist er sich da nicht mehr so sicher und Dein neues Verhalten, das auf ihn mutig und stark wirkt, löst in ihm ein völlig neues Gefühl aus. Es ist die pure Angst, dass er vielleicht nicht mehr gut genug für Dich sein könnte. Sein eigentlicher Weg eröffnet sich erst jetzt allmählich für ihn. Natürlich hat auch er bisher einiges lernen dürfen, aber an die eigentlichen, tiefen Themen in seinem Inneren, kann er erst gelangen, wenn seine Verlustangst so groß wird, dass er sich mit seinen eigenen Gefühlen schonungslos auseinandersetzen muss/ darf. Dafür braucht es aber unbedingt Dein verändertes Verhalten.

Dein Annehmen jeglicher seiner Verhaltensweisen, verdeutlichen ihm Deine unendliche Loyalität ihm gegenüber. Du gehst weder auf ihn zu, noch wendest Du Dich von ihm ab. Du bist einfach da! – In guten, wie in schlechten Zeiten. Übrigens heißt das nicht, dass Du sein eventuelles, schlechtes Benehmen Dir gegenüber hinnehmen sollst! Nein, im Gegenteil. Du wirst ihm Grenzen setzen. Aber ohne dabei in einen Gegenangriff überzugehen. Du wirst ihm deutlich zeigen, dass sein Verhalten unangebracht ist, wirst ihn komplett loslassen, ihn seinen Weg alleine weitergehen lassen und Dich Deinem eigenen Leben wieder intensiver zuwenden.

Du wirst in dieser Phase beginnen, Deine natürliche Weiblichkeit radikal auszuleben und lernst immer besser, Deine angeborene Intuition für Dich zu nutzen. Deine Verlustangst verschwindet immer mehr, denn Du hast Deine innere Königin gefunden und beginnst, diese neue Seite in vollen Zügen auszuleben. Und genau dieses neue Verhalten Deinerseits wird Deinen Partner wie magisch zu Dir hinziehen. Eine Frau, die keinerlei Erwartungen an ihn hat und ihn einfach so liebt, wie er IST, das ist Balsam für seine Seele. Das weiß er durchaus. Auch, wenn er sich zunächst doch erstmal wieder mit Händen und Füßen dagegen wehren könnte, weil er diesem puren Glück einfach nicht traut, weil er es einfach nicht kennt. Letztendlich weiß er, dass alle Gegenwehr zwecklos ist. Denn sein Herz brennt für Dich. Immer mehr und lichterloh!

Und Du ruhst in Dir und bist Dir ganz gewiss, dass der Fluss des Lebens und der Liebe schon alle Weichen so stellen wird,

wie es Euch dienlich ist. Du weißt, dass auch diese Phase ein
Ende hat. Aber Du weißt nun ebenfalls, dass ein Ende auch
schon einen weiteren Neubeginn, eine neue Phase in sich
birgt. Darauf vertraust Du.

Das, was Du in dieser Phase wirklich lernst, ist, bedingungslos zu lieben. Denn Du lässt Deinem Partner ganz bewusst
die Freiheit, sein Leben so zu gestalten und zu leben, wie er
es für sich wählt. Gleichzeitig bedeutet das auch, dass auch
Du die Freiheit hast, Dein Leben so zu leben, wie Du es
möchtest.

Letztlich ist genau diese Freiheit das Band, das Euch Beide
zusammenhält. Aber das wirst Du erst dann wirklich verstehen und deutlich spüren, wenn Du an diesem Punkt angekommen bist.

Leben im Moment

Sobald Du auf Deinem Weg durch die dunkelsten und tiefsten Stellen gewandert bist und das Annehmen mehr und mehr in Deine neuen Verhaltensweisen integrierst, wirst Du bemerken, dass Du mittlerweile ein ziemliches Vertrauen in diesen Weg entwickelst. Jetzt, wo Du Dich so weit vorgewagt hast und die ersten deutlich helleren Lichtstrahlen durch die Baumkronen erkennbar werden, kannst Du beginnen, den Weg auch zu genießen, er wird langsam zu einem Spaziergang, bei dem es Dir nun möglich ist, nicht mehr nur starr geradeaus zu blicken, um Deine genaue Richtung zu erkennen. Jetzt kannst Du mehr und mehr wahrnehmen, was so um Dich herum passiert. Vielleicht hörst Du jetzt die Vögel in den Bäumen oder Du entdeckst eine Ameisenstraße vor Deinen Füßen...

All diese wundervollen Begegnungen inmitten der Natur konntest Du bis zu diesem Zeitpunkt gar nicht wirklich wahrnehmen, geschweige denn, sie genießen. Du warst einfach nur gefangen in Deinen ganzen Ängsten.

Du machtest Dir pausenlos Sorgen darüber, ob Du noch auf der richtigen Spur bist oder sahst immer wieder zurück und ließest Deine Gedanken über der Vergangenheit kreisen. Dabei warst Du nie im jetzigen Moment. Und das belegte Dein ganzes Sein mit einem permanenten Druck, der sich ganz scheußlich anfühlte.

So verhalten wir uns auch in unserem ganz normalen Alltag. Wir sind immerzu beschäftigt mit den Ereignissen aus der Vergangenheit, die wir wie Getreide durch einen Mühlstein immer und immer wieder zermalmen, analysieren, kritisieren, etc. Oder wir sind mit unseren Gedanken in der Zukunft, schmieden Pläne, malen uns diverse Situationen aus und versuchen, mögliche Ereignisse vorauszusehen.

Natürlich ist es durchaus in Ordnung, sich an Ereignisse aus der Vergangenheit zu erinnern oder gewisse Pläne für die Zukunft zu haben. Aber unser Verstand hat die Angewohnheit, immer alles aus unterschiedlichen Perspektiven zu sehen, weil er eben kein ruhender Pol in uns ist, sondern ständig in Bewegung sein will. So sieht er Dinge an manchen Tagen als durchweg positiv, ist euphorisch begeistert und sehr hoffnungsvoll, an anderen Tagen sieht er genau die gleichen Dinge als bedrohlich, schlecht und hoffnungslos an. Und je nachdem, welchen Standpunkt unser Verstand gerade einnimmt, übermannen uns, so lange wir unbewusst durch das Leben gehen, unsere Emotionen. Der dicke Gedankenbrei in unserem Kopf engt uns ein und wir verstricken uns immer mehr mit der Vergangenheit und/ oder der Zukunft.

Wir haben vergessen, dass es nur einen Teil in uns gibt, der bereits immer alles weiß und der uns daher konstant durch unser Leben führen kann: unser Herz!

Wie sagte der Schriftsteller Antoine de Saint-Exupéry sehr treffend: *Man sieht nur mit dem Herzen gut.*

Kinder leben da noch ganz anders. Ihr Verstand ist noch überhaupt nicht so ausgeprägt, dass er alle möglichen Gedanken hin und her wälzen kann. Sie sind noch weitgehend „Herz-gesteuert". Ein Kind startet in seinen Tag und lässt einfach geschehen, was auf es zukommt. Es hat einfach ein grundlegendes Urvertrauen in das Leben und kann dadurch jeden einzelnen Moment sehr viel bewusster wahrnehmen als ein Erwachsener. Das Urvertrauen zeigt sich beispielsweise dann, wenn ein Kind gefragt wird, was es sich zu Weihnachten wünschen würde. Es wird all seine Wünsche nennen und dann darauf vertrauen, dass vielleicht nicht all seine Wünsche erfüllt werden, wohl aber der ein oder andere. Es wird sich ab jetzt nicht jeden Tag immer und immer damit befassen, ob unter dem Weihnachtsbaum das liegt, was es haben möchte. Es wird täglich voller Vorfreude seinen Adventskalender öffnen und jeden Tag ein bisschen mehr Aufregung darüber verspüren, dass das Weihnachtsfest immer näher rückt. Sorgen, dass es vielleicht nichts bekommen könnte, macht es sich nicht. Es wird auch die Vorweihnachtszeit als eine wundervolle, magische Zeit erleben, die so viel Spannendes, ja fast schon Mystisches mit sich bringt.

Die Augen eines Kindes leuchten wie Diamanten, wenn es durch seinen Tag geht. Und zwar nicht nur in dem Moment, an dem es endlich seine Geschenke auspacken darf, sondern auch schon während der Adventszeit.

Und dieses natürliche Verhalten, mit dem wir auf diese Welt kommen, verlieren wir im Laufe unseres Lebens immer ein Stück weit mehr. Das gehört zu unserem Leben in einer Erwartungs-Gesellschaft dazu. Es trifft jeden und geschieht völlig schuldlos. Dieser Prozess beginnt schleichend und weil ihn jeder irgendwie durchläuft, fällt es uns zunächst auch gar nicht auf, dass sich etwas in unserem Inneren immer mehr verändert. Irgendwann merken wir nur, dass uns die innere Leichtigkeit fehlt, die wir aber doch irgendwann einmal schon in uns hatten. Als Erwachsene versuchen wir, uns jedes Jahr zu Weihnachten in diese Leichtigkeit, dieses mystische Erleben, wieder hineinzuversetzen. Aber es will uns einfach nicht gelingen. Wir schieben es auf die Tatsache zurück, dass es mittlerweile zu Weihnachten einfach nicht mehr schneit, dass wir mittlerweile schließlich wissen, dass es kein Christkind oder einen Weihnachtsmann gibt oder dass wir einfach zu viel Stress haben. Wir würden so gerne wieder an dieses wundervolle Gefühl aus der Kindheit herankommen, wissen aber überhaupt nicht wie.

Wenn Du nun langsam durch Deinen Partner wieder lernst, was es bedeutet, anzunehmen, wirst Du auch feststellen, dass Annehmen immer etwas ist, was im Moment passiert. Du bist mit Deinem Ganzen Sein im Hier und Jetzt, nicht in der Vergangenheit und auch nicht in der Zukunft, sondern wirklich DA!

Du kannst also das unbekümmerte Verhalten, das Du natürlicherweise als Kind in Dir trugst, wieder für Dich zugänglich machen. Vielleicht werden sich dadurch Weihnachtsfeste nicht automatisch wieder anfühlen wie früher, aber diese Erwartungshaltung hast Du dann auch einfach nicht mehr. Jedes Weihnachtsfest darf sich nun so anfühlen, wie es eben gerade kommt. Das gilt natürlich für jegliche andere Ereignisse und Erlebnisse ebenfalls, aber da wir gerade dieses Beispiel hatten, verdeutliche ich es jetzt auch noch abschließend.

Insgesamt wirst Du auch immer mehr die kleinen Dinge im Leben zu schätzen lernen, also die Dinge, die uns schon so normal erscheinen, dass wir sie gar nicht mehr richtig wahrnehmen. Das kann ein schöner Sonnenaufgang sein, das Lächeln eines Menschen, der erste Schnee, etc. Und diese kleinen Dinge zaubern in Dir ganz wie von selbst ein unbeschreibliches Glücksgefühl.

Sobald Du beginnst, dem natürlichen Fluss des Lebens wieder mehr zu vertrauen, desto freier wirst Du Dich innerlich fühlen. Du gehst mit dem bewussten Gedanken in den Tag, dass alles, was er Dir bringen wird, genauso sein soll und einen Sinn hat. Sicherlich ist dieser Dir nicht immer gleich bewusst, aber meist zeigt sich irgendwann doch ganz oft, wofür Dir die eine oder andere Situation dienlich war.

Du weißt mittlerweile auch sehr genau, dass für Dich unangenehme Ereignisse, die Dir begegnen, keineswegs mehr den Stempel „schlecht" aufgedrückt bekommen müssen, denn auch unangenehme Erfahrungen sind ein Teil des Lebens und haben genauso ihre Berechtigung wie „gute" Ereignisse.

Wenn wir aufhören, alles zu polarisieren, dann wird sich unser Leben durchaus viel leichter anfühlen.

Das Leben im Moment bietet uns die Möglichkeit, ganz unvoreingenommen auf alles zuzugehen und das bedeutet auch, seinen Mitmenschen auch in diesem Bereich wieder ganz anders begegnen zu können.

II

Hilfe auf dem Weg

Wenn Du Dich auf Deinen Weg begeben hast, wirst Du feststellen, dass Dir immer wieder diverse Situationen begegnen, die manchmal unüberwindlich scheinen. Und egal, wie viele solcher Hürden Du schon hinter Dir gelassen hast, wirst Du feststellen, dass scheinbar immer wieder neue hinzukommen. Du fragst Dich, wie viel Du noch ertragen musst und wie lange dieser Prozess noch dauern mag. Auf vielen Strecken des Weges bist Du einfach unendlich müde, möchtest manchmal einfach nur noch aufgeben, weil Du nicht weißt, ob Du jemals ankommen wirst. Dann versuchst Du, diesen wundervollen Mann, der sich scheinbar immer wieder entzieht und Dir immer neue Wunden zuzufügen scheint, einfach zu vergessen. Vielleicht suchst Du nach einem neuen Partner, aber etwas in Dir kehrt immer wieder zu dieser einen Liebe zurück.

Schließlich haben sich Eure Seelen vorgenommen, gemeinsam in die bedingungslose Liebe hineinzuwachsen und innerliches Wachstum geschieht nun einmal nur, wenn wir unsere inneren Grenzen sprengen. Und genau dafür braucht es viele unterschiedliche Situationen, die uns einiges abverlangen, um über uns selber hinauszuwachsen.

Damit wir das auch wirklich schaffen, gibt uns das Leben einige Hilfen mit auf den Weg. Und die schauen wir uns in den folgenden Kapiteln etwas näher an.

Hoffnung

Verliere nie die Hoffnung!

Kein Wald ist so dicht, als dass nicht doch irgendwo ein Sonnenstrahl den Boden berührt!

Reinhard Staupe

Unsichtbares Band

Bindung ist das gefühlsgetragene Band, das eine Person zu einer anderen spezifischen Person anknüpft und das sie über Raum und Zeit verbindet.

John Bowlby

In dem Augenblick, in dem Du und Dein Partner Euch das erste Mal begegnet seid, da war es bereits intuitiv zu spüren: das unsichtbare Band – bestehend aus gefühlsgetragenen Energien.

Bei dieser ersten Begegnung seid Ihr augenblicklich mit diesen Energien konfrontiert worden, die Euch bis dahin gänzlich unbekannt waren. Jeder Mensch erlebt dies ein wenig unterschiedlich, aber da passiert plötzlich etwas in Euren Körpern, dass Ihr kaum beschreiben könnt. Diese Energien fluten Euch und es ist nicht möglich, das zu verdrängen, zu kontrollieren oder gar zu ignorieren. Vielleicht fühlt es sich ein wenig so an, als würden Schmetterlinge durch Euren Körper fliegen, ein bisschen, wie, wenn Ihr verliebt seid. Aber es ist stärker, vehementer, manchmal auch regelrecht unangenehm. Ihr habt auch sofort das untrügliche Gefühl, dass Ihr

Euch bereits schon seit Ewigkeiten kennt. Und das, obwohl Ihr Euch gerade das erste Mal gegenüber steht. Und genau diese Gefühle, die da in Euch auftauchen und Euch direkt miteinander verbinden, sind eben das unsichtbare Band, das Euch hilft, auf Eurem ganz individuellen Weg voranzuschreiten. Manche Menschen behaupten, dass man sich vielleicht bereits in früheren Leben begegnet ist und es sich deshalb anfühlt, als würde man sich schon seit Ewigkeiten kennen. Das würde ich zwar nicht für unmöglich halten, aber ich würde das jetzt auch nicht als allgemein gültige These unterschreiben wollen. Ich denke, es ist ganz egal, woher diese Verbindung kommt, wichtig ist nur, dass sie da ist, denn sie zeigt Dir ganz klar und deutlich, dass hier etwas ganz besonderes vor sich geht, etwas, das Euren Verstand gänzlich übertrifft und völlig außer Betrieb setzt ;-)

Ihr wurdet zusammengeführt, damit Ihr aneinander wachsen könnt. Das unsichtbare Band, das Euch von nun an miteinander verbindet, wird, wie bereits erwähnt, nicht mehr weichen, egal, wie gut oder schlecht Ihr das findet!

So ist es zu Beginn bei Euch Beiden so, dass, wenn Ihr Zeit gemeinsam verbringt, Ihr in den unglaublichsten und faszinierendsten Gefühlen badet. Es reicht sogar schon, wenn Ihr Euch nur in der Nähe zueinander befindet oder einfach an den anderen denkt. Sofern Ihr es noch nicht selbst erlebt habt, könnt Ihr Euch das schlicht und ergreifend einfach nicht vorstellen. Aber diese Energien, die Euch da fluten werden später zu Eurem Motor, um auf Eurem individuellen Weg fortschreiten zu können. Denn Ihr wisst einfach, dass es da von nun an etwas gibt, was Euch nicht mehr loslässt. Ihr spürt die unbändige Liebe, die Ihr bisher für nicht existent gehalten habt, weil sie niemals so erlebbar war wie jetzt, wo Ihr diesen einen Menschen getroffen habt. Ihr fühlt Euch zum ersten Mal GANZ. Ihr fühlt Euch gesehen und geliebt, so wie Ihr seid und dieses Gefühl wollt Ihr festhalten! Und so werden diese Energien, das unsichtbare Band, fast noch deutlicher spürbar, wenn Ihr getrennt voneinander seid. Es zerreißt Euch anfangs nahezu vor Sehnsucht, Ihr fühlt Euch irgendwie regelrecht unvollständig, zerrissen! Hier schleichen sich die ersten Verwicklungen und Knoten in das Band ein. Diese Gefühle lösen urplötzlich riesige Ängste in Euch aus, weil Ihr Euch schlicht und ergreifend überhaupt nicht mehr unter Kontrolle habt. Ihr könnt Euch das nicht erklären, haltet Euch und all das, was Ihr hier gerade erlebt, für völlig verrückt. Und während Du als Frau immer mehr beginnst, an dem unsichtbaren Band zu ziehen, weil Du diese wunderschönen Gefühle einfach immerzu spüren möchtest, rennt Dein Partner davor weg, denn die Angst, sich selber nicht mehr unter Kontrolle zu haben, sich zu verwundbar zu machen, das Risiko will er nicht eingehen. Aber dennoch ist auch seine Sehnsucht riesengroß!

So werden die Verwicklungen immer ausgeprägter. Und jeder, der schon einmal versucht hat, an einem verwickelten Band zu ziehen, weiß, dass die Knoten sich immer schlechter lösen lassen. Ziehen ist hier also keine Option! Ebenso wenig ist es eine Option, das Band einfach liegen zu lassen, denn dadurch bleiben die Knoten und Verwirrungen ebenfalls weiter bestehen.

Hier kommen aber nun mal unsere erlernten Muster ins Spiel, die wir zunächst nicht durchschauen können. Während kleine Mädchen beigebracht bekommen haben, dass sie stets viel Gefühl zeigen und investieren sollten, wurde es den Jungen quasi untersagt. Bei ihnen hieß es immer eher „Indianer kennen keinen Schmerz", also, Zähne aufeinander beißen und den Schmerz innerlich aushalten.

Und nun begegnen sich zwei, von der Gesellschaft geprägte Menschen, die plötzlich mit ihren erlernten Konditionierungen einfach nicht mehr weiter kommen. Die Liebe hat ihnen von einem auf den nächsten Augenblick alle Masken und angelernten Mechanismen entrissen, die ihnen in ihrem bisherigen Leben stets Sicherheit vorgaukelten. Es ist urplötzlich so, als ständen sich diese beiden Menschen nun völlig nackt und schutzlos gegenüber! Fühlt Euch mal hinein – das ist mehr als nur unangenehm!

Während der eine also mit aller Macht zieht, versucht sich der andere aus diesen Fängen zu lösen, rennt und rennt – und zieht so in die entgegengesetzte Richtung.

Ihr spürt die Verwirrtheit in Euch, würdet gerne wieder Herr über Eure Sinne, über Eure Gefühle und über Euer Leben werden, aber alle Eure bisher vertrauten Methoden, die Ihr nun zunächst anwendet, um wieder eine klare Linie zu erkennen, schlagen fehl.

Ihr müsst das Band, das zwischen Euch besteht, zu akzeptieren beginnen! Und das bedeutet, dass Ihr Vertrauen entwickeln müsst. Vertrauen in Euch und Euren Partner. Denn erst dann werdet Ihr nach und nach in alle Geheimnisse des Lebens und der Liebe eingeweiht. Die Liebe will Euch heilen, Euch wieder GANZ werden lassen. Aber eben nicht, indem Ihr von einer anderen Person abhängig seid. Nein, Ihr müsst zunächst in Euch selber Ganz werden. Und das bedeutet, Ihr müsst erstmal eine liebevolle Bindung zu Euch selber eingehen! Denn nur dann könnt Ihr auch eine wirkliche Liebesbeziehung mit einem anderen Menschen führen. Nur, wenn Ihr behutsam beginnt, die Verstrickungen in Euch selber zu lösen, lösen sich auch die Verstrickungen zwischen Euch wie von Zauberhand ebenfalls auf. Es heißt nicht umsonst: wie Innen so Außen! Und jede Veränderung beginnt IMMER zunächst in Dir selbst!

Dieser Mensch, der Dir da begegnet ist, muss einfach alle Gefühle in Dir auslösen, besonders auch Deine Ängste, die Du in Dir trägst und tief in Dir vergraben hast. Du sollt sie annehmen ohne ihnen eine Wertung aufzustempeln. Umgekehrt gilt dies natürlich genauso. Und daher greifen ab einem bestimmten Zeitpunkt Eure innewohnenden Verhaltensmuster, die Euch nun wie zwei gleiche Magnetpole immer wieder voneinander abstoßen. Bei manchen Ängsten wisst Ihr genau, dass sie in Euch existieren, andere waren Euch bis zu diesem Zeitpunkt vielleicht noch gar nicht bewusst. Es sind aber eben auch alle möglichen anderen Gefühle, die ein Teil von Euch sind und die Ihr nicht gerne zulassen wollt oder könnt. Manche davon werden von Euch als sehr positiv empfunden (z.B. Freude, Glück), manche als sehr negativ (bspw. Wut,

Trauer). Erst wenn Ihr ALLE Gefühle in Euch selber angenommen habt, sie als Teil von Euch akzeptiert und wertschätzt, kann Heilung stattfinden.

Diese Verbindung wird Euch alles abverlangen, um Euch in Eurer (Ent)-wicklung weiter zu bringen. Die Liebe für einander wird zu Eurem gegenseitigen Motor. Natürlich könnt Ihr Euch weigern, Euren Seelenweg zu gehen, aber die Kraft, die Euch diese Verweigerung kostet, wird Euch das Leben immer schwerer erscheinen lassen. Da ist dann keine Leichtigkeit mehr in Euch, keine Lebendigkeit. Die Liebe will Euch aber das pralle Leben bieten. Und je eher Ihr erkennt, dass alle Wehr nichts nützt, desto schneller werdet Ihr vorankommen. Und alle Gefühle, die Du in Dir heilst, heilen unweigerlich auch in Deinem Partner, denn er kann Deine Veränderung spüren – über Eure Verbindung. Dafür müsst Ihr Euch nicht sehen, die Energien kommen immer bei ihm an. (Das ist Quantenphysik, über die es bereits zahlreiche Bücher gibt.)

Daher ist es auch so wichtig, dass Du an Dir selber arbeitest und den Fokus von Deinem Partner abziehst. Lässt Du ihn nämlich gedanklich nicht los, ziehst Du unwillkürlich wieder an dem Band und das bedeutet, dass einfach keine Entwicklung stattfinden kann. Aber auch diese verworrene Tatsache gehört zu den Erkenntnissen, die Ihr erst im Laufe der Zeit gewinnt :-)

Während all der Übergangsphasen, in denen Du und Dein Partner getrennt voneinander seid, leistet Ihr ein ganzes

134

Stück Entwirrungsarbeit an Euch selber, um bei der nächsten Begegnung wieder einen weiteren Knoten zwischen Euch aufzulösen.

Um eine gemeinsame Beziehung, in welcher Form auch immer, leben zu können, müssen alle hartnäckigen Knoten und Verwirrungen gelöst sein. Anfangs sind es so immens viele Verstrickungen, dass Ihr Euch nicht gerne an diese Arbeit heran wagen wollt. Aber die Energien, die Euch in all dem Chaos immer noch miteinander verbinden, geben Euch immer wieder den nötigen Antrieb. Ihr wisst einfach, dass Ihr Euch Euren Aufgaben stellen müsst. Denn Ihr wollt wahrhaft lieben können. Aber dazu braucht es Mut. Mut, der immer wieder reich belohnt wird!

Sobald Du auf Deinem Weg Schritt für Schritt voranschreitest, wirst Du bemerken, dass Deine Energien, Deine Gefühle sich ganz automatisch zu beruhigen beginnen. Du begreifst langsam all die Zusammenhänge, die Dir und Deinem Glück viele Jahre im Weg gestanden haben. Du entwickelst Verständnis für Dein eigenes Verhalten, wie auch für das Verhalten Deines Partners und das nimmt Dir eine Menge Druck. Es entsteht langsam und unaufhaltsam ein Vertrauen in all das, was Dir begegnet. Es wird ein Sinn hinter allem für Dich erkennbar. Und so beginnt sich das Band allmählich immer mehr zu lockern, ohne, dass Du es, bzw. Deinen Partner, verlieren würdest. Die anfänglichen Zweifel an dieser Liebe, die vielleicht auftraten oder die Aussicht, dass aus verschiedenen Gründen ein Zusammenkommen nicht möglich erschien, machten Dich unruhig und die Angst, die Du tief in Dir fühltest, konnte auch Dein Partner spüren! Lernst Du nun aber, immer mehr bei Dir zu sein, GANZ zu werden, kann auch Dein Partner wieder von sich aus auf Dich zugehen, da auch er allmählich in seiner Ganzheit ankommt. So lösen sich die Knoten und Verwicklungen allmählich auf und das Band zwischen Euch schwingt harmonisch in Eurer Mitte. Ihr lernt, dass Ihr diese Verbindung umso stärker spüren könnt, wenn Ihr all Eure Ängste und Zweifel aufgebt. Euer Ego, dass Euer ganzes Leben lang immer nur HABEN wollte, um Sicherheiten für sich zu erkennen, kapituliert und erkennt, dass es nur einen Ort gibt, an dem alles sicher und beschützt ist: das HERZ!

Nun könnt Ihr aufeinander zugehen, ohne Erwartungen an den jeweils anderen zu haben. Ihr spürt Eure Verbindung in Euren Herzen!!! So könnt Ihr Euch endlich nackt und schutzlos begegnen. DAS ist das Geschenk Eures starken, gefühlsgetragenen Bandes! Das Band von Herz zu Herz, das keinen äußeren Rahmen braucht, um Beziehung leben zu können!

Zeichen

Bist Du Deinem Seelenpartner begegnet, bemerkst Du relativ schnell, dass die Beziehung zwischen Euch völlig anders verläuft, als Du es Dir erhoffst. Nach anfänglicher, kurzer Freude und purem Glück zu zweit, wird es abrupt furchtbar kompliziert und sehr schmerzhaft, weil Eure unterschiedlichen Muster, die Ihr in Euch tragt, zu wirken beginnen und Eure Verstrickungen immer größer werden. Du spürst die Liebe Deines Partners so deutlich, aber dass er sich nun immer mehr von Dir zu entfernen scheint, versetzt Dich in pure Verzweiflung, weil es scheinbar nichts gibt, dass Du daran verändern könntest.

Nun habe ich in den vorherigen Kapiteln ausführlich beschrieben, dass Du aber doch etwas tun kannst – nämlich, Dich ebenfalls auf Rückzug und somit auf Deinen eigenen Weg zu begeben, in dem Vertrauen, dass Gott schon alle Weichen für Euch zur richtigen Zeit immer wieder passend stellen wird.

Damit es Dir ein wenig leichter fällt, werden Dir immer wieder Zeichen begegnen, die Dich genau spüren lassen, dass Du auf dem richtigen Weg bist.

Anfangs wirst Du sicherlich noch an all den kleineren und größeren „Botschaften" zweifeln, die dir förmlich vor die Nase gehalten werden. Aber gerade weil sie Dir immer wieder vor die Nase gehalten werden, kannst Du sie schlicht und ergreifend irgendwann gar nicht mehr ignorieren. Dein Bauchgefühl, Deine Intuition, wird Dir Deine Zweifel nach und nach immer mehr nehmen.

Wie ich bereits zu Beginn des Buches erwähnt habe, werden Du und Dein Partner bereits ziemlich früh sehr bedeutsame Dinge erkennen, die Euch ein deutliches Gespür dafür vermitteln sollen, dass Eure Verbindung etwas ganz Besonderes ist. So kann es sein, dass Ihr in vielen Bereichen sehr viele Ähnlichkeiten aufweist. Dies können gleiche Hobbies sein, ähnliche Familiensituationen, die Vorliebe für bestimmte Urlaubsorte, gleiche Geburtsdaten, etc. Es sind auf jeden Fall sehr viele bedeutsame Dinge, die Euch schier unglaublich vorkommen. Ihr werdet das Gefühl haben, geradezu perfekt füreinander geschaffen zu sein. Ihr spürt förmlich diese unglaubliche Verbundenheit Eurer Seelen.

Es kann aber auch völlig konträr zwischen Euch sein, quasi absolut dual. So liebt der eine vielleicht den Süden, der andere den Norden, einer liebt den Tag, einer die Nacht, etc. Selbst Eure Sternzeichen stehen sich vielleicht genau gegenüber. Ist der eine beispielsweise Wassermann, ist der andere Löwe. Und Eure kompletten Charaktere scheinen sich spiegelverkehrt gegenüberzustehen. Und dennoch ist da diese unbändige Anziehungskraft und das Wissen darüber, dass gerade in Eurer Unterschiedlichkeit die große Faszination und auch

Herausforderung liegt. Denn Ihr Beide lebt förmlich extrem auf Eurer eigenen dualen Seite. Wahre Liebe aber löst die Dualität in sich selbst auf, vereint quasi zwei Seiten zu einem größeren Ganzen. Und Eure Aufgabe soll es nun sein, in eine Mitte zu kommen. Ihr müsst die Dualität zunächst in Euch selber auflösen, um vielleicht eines Tages eine wirkliche Beziehung mit Eurem Partner leben zu können. Damit Ihr aber die großen Differenzen, die Ihr in Euch selber tragt, überhaupt erst einmal bemerken könnt, braucht es nun ein Gegenstück. Und genau dieses Gegenstück begegnet Euch hier in Eurem Seelenpartner.

Habt Ihr also Beide bereits zu Beginn, meist auch eher noch sehr unbewusst, festgestellt, dass da etwas ganz Besonderes zwischen Euch ist, etwas, was Ihr bisher mit noch keinem anderen Partner zuvor erlebt habt, dann ist dies ein erstes untrügliches Zeichen, Euch auf Euren Weg zu begeben. Es wird Euch nichts anderes übrig bleiben, als loszugehen und Euch Euren Hürden zu stellen. Eure Seelen werden Euren Egos keinerlei Spielraum mehr lassen, damit Ihr ein wirklich glückliches Leben voller bedingungsloser Liebe leben könnt. Denn danach sehnt Ihr Euch innerlich zutiefst.

Es wird für Euch immer wieder Zeichen geben, die Euch Beide gleichermaßen betreffen und Euch aufgezeigt werden. Und es wird ganz individuelle Botschaften geben. Oftmals sind es Hinweise, wo genau Ihr gerade in Eurer Entwicklung steht oder es sind kleine Erinnerungen an Euren Partner, die

Euch meist dann aufgezeigt werden, wenn Ihr Euch in Zweifeln verstrickt...

Aber schauen wir uns doch einmal an, um was für Zeichen es sich häufig handelt:

- Träume

Es gibt Träume, bei denen wissen wir, dass sie keinerlei besondere Bedeutung für uns haben. Meistens können wir uns am kommenden Tag nicht einmal mehr an sie erinnern. Sie sind in gewisser Weise trotzdem wichtig für uns, weil wir nachts vielerlei Dinge aus unserem Alltag verarbeiten. Aber das geschieht einfach in unserem Unterbewusstsein und wir müssen uns nicht weiter darum kümmern.

Aber dann gibt es Träume, die eine ziemlich klare Botschaft für uns bereithalten. Wir wachen auf und haben ein untrügliches Gefühl dafür, dass uns der soeben geträumte Traum etwas sagen will. Manchmal handelt es sich um Träume, die mit realen Situationen zu tun haben, manchmal sind es aber auch verschlüsselte Sequenzen. Diese gilt es dann, richtig zu deuten.

Bei den Träumen mit realen Situationen handelt es sich meistens um eine Art Einblick auf momentane oder bald anstehende Phasen zwischen Dir und Deinem Partner. So kann es sein, dass Du deutlich in Deinem Traum siehst, wie Du auf Deinen Partner zugehst und er sich von Dir entfernt; oder dass Dein Partner einen Schritt auf Dich zugeht. Manchmal träumst Du vielleicht auch von Berührungen zwischen Euch und sobald Du aufwachst, hast Du das absolute Gefühl, dass es sich vollkommen real angefühlt hat und nicht wie ein Traum.

Diese Träume klingen oft noch tagelang in Deinem Inneren nach und alleine diese Tatsache verdeutlicht Dir ganz klar, dass es sich um eine Botschaft für Dich handelt.

Die verschlüsselten Träume tauchen zumeist erst dann auf, wenn Du Dich allmählich daran gewöhnt hast, dass Gott auf diese Weise mit Dir kommuniziert und Du langsam Vertrauen in all diese Zusammenhänge entwickelt hast. Vielleicht träumst Du von einem Teich mit Goldfischen, von herausfallenden Zähnen, von Schlangen, etc. Hier gibt es zwar immer die Möglichkeit, sich ein Traumlexikon zur Hand zu nehmen und die Bedeutung nachzuschlagen. Oftmals sagt Dir Deine Intuition aber schon sehr genau, was für Dich hinter den Symbolen steht.

Das alles kommt Dir manchmal sehr mystisch vor, aber Du hast keinerlei Zweifel an dem, was Dir da als Botschaft übermittelt wird.

Und damit kommen wir zu einem weiteren Zeichen, das mit Deinen Träumen und vielen weiteren Zeichen in Verbindung steht:

- Synchronizitäten

Bei Synchronizitäten handelt es sich um Begebenheiten, die eine Art Spiegelung Deiner Inneren und Äußeren Welt sind.

Nehmen wir an, Du hast bereits viele Träume erlebt, in denen Dein Partner immer eher von Dir abgewandt war und Du scheinbar immer auf der Suche nach ihm warst. In der Realität sah es dann in der Regel ähnlich aus. Dein Partner blieb auf Rückzug, während Du versuchtest, an irgendwelche Informationen über ihn zu kommen.

Und nun, nach vielen Träumen, die immer wieder sehr ähnlich verliefen, träumst Du das erste Mal von einer anderen, neuen Situation. Vermutlich siehst Du in so einem Traum Deinen Partner langsam auf Dich zukommen. Eine deutliche Veränderung tritt ein. Du wirst wenige Zeit später in der Realität feststellen, dass es ebenso kommt.

Das nennt man dann ein synchronistisches Ereignis.

Synchronizitäten begegnen allen Menschen in ihrem Leben, nur haben sich bisher die wenigsten damit auseinandergesetzt und wissen gar nicht, wie Richtungsweisend alles Mögliche sein kann, was uns so begegnet.

- Songs, Filme, etc.

Manchmal schalten wir das Radio ein und genau in dem Moment läuft ein Song, der Dir gefühlsmäßig genau sagt, dass er Dir eine Botschaft vermitteln soll. So kann es sich um ein besonderes Liebeslied handeln, das für Dich und Deinen Partner eine bestimmte Bedeutung hat, Eure momentane Situation spiegelt oder Du seine Sehnsucht darin spüren kannst. Egal, was genau es ist, aber Du spürst einfach eine innere Resonanz. Manchmal erwischt es Dich so eiskalt, dass Du aus heiterem Himmel anfängst zu weinen, zu lachen, Du plötzlich unglaubliche Wut verspürst, etc.

Ebenso gibt es auch Filme, die eine Botschaft für Dich beinhalten. Dabei kann es sich manchmal um einen kompletten Filminhalt handeln, manchmal ist es auch nur ein Satz oder eine bestimmte Filmpassage. Gerade, wenn Du Dir vielleicht innerlich eine Frage stellst, antwortet irgendjemand genau im passenden Moment mit einem bestimmten Satz, einer Geste, etc. darauf. Das fühlt sich oft so unglaublich an, dass Du an Deinem eigenen Verstand zweifelst. Und trotzdem bist Du Dir ganz sicher, dass Gott Dir so auf Deine eben gestellte Frage geantwortet hat.

- Bestimmte Zahlen und Schnaps-Zahlen

Auch diese Art von Botschaften werden Dir gehäuft über den Weg laufen. Wenn Dir beispielsweise innerhalb kürzester

Zeit immer wieder eine bestimmte Schnapszahl begegnet, so bedeutet dies laut einiger Analytiker, dass Du und Dein Partner Euch gerade synchron auf dem Weg befindet. Ihr arbeitet vielleicht gerade Beide an der Auflösung bestimmter innerer Muster.

So ist es auch nicht verwunderlich, dass diese Zahlen mal sehr gehäuft auftreten und dann wieder für eine gewisse Zeit verschwinden.

Diese Schnapszahlen treten während der andauernden Perioden so übermäßig auf, dass Du keinen Zweifel daran hast, dass sie Dir ganz klar vermitteln wollen, dass alles in Ordnung ist.

Andere Zahlen können beispielsweise Euer Geburtsdatum oder Euer Kennen-Lern-Datum betreffen. Diese zusammenhängenden Zahlen wirst Du dann auch sehr häufig sehen und ebenfalls wissen, dass Du Deinen Weg im Vertrauen weitergehen kannst.

- Namen

Ebenso häufig wie Zahlen können Dir auch der Name oder die Initialen Deines Partners begegnen. Gerade im Straßenverkehr siehst Du vielleicht oft die Anfangsbuchstaben Deines Partners auf diversen Nummernschildern. Im Laufe des Prozesses, je näher Ihr Euch wieder kommt, stellst Du vermutlich fest, dass dann gehäuft die Anfangsbuchstaben Eurer Vornamen auf den Schildern stehen.

Und auch hier handelt es sich immer wieder um Synchronizitäten. Denn in den Zeiten, in denen Ihr auf getrennten Wegen geht, sind gerade die zusammenpassenden Anfangsbuchstaben nur selten oder auch gar nicht zu sehen. Aber Du kannst Dir sicher sein, je gehäufter dies irgendwann auftritt, umso näher seid Ihr Euch bereits wieder.

So gibt es also sehr viele Zeichen, die Dich immer wieder daran erinnern wollen, dass die Begegnung zwischen Dir und Deinem Partner ganz außergewöhnlich ist. Du lernst immer mehr, all dem zu vertrauen, was Dir da begegnet. Aber Du weißt auch, dass Du mit Deinem Wissen um diese Dinge, sehr behutsam umgehen musst, denn nicht jeder wird Deine Ansichten mit Dir teilen. Anfangs erzählst Du in Deinem Überschwang vielleicht noch dem ein oder anderen von Deinen Erlebnissen. Da Du aber sehr genau spürst, dass sie Dich eher alle für verrückt halten, behältst Du diese Tatsachen lieber für Dich und freust Dich insgeheim einfach über die Wunder, die Dir begegnen. Es hat etwas unglaublich mystisches, zu erleben, wie alles irgendwie zusammenhängt und Du genießt es, Dich darauf einzulassen. Denn das nennt man den Fluss des Lebens. Alles ist zu jeder Zeit immer genau dann für Dich da, wenn es eben relevant für Dich ist.

Die Zeichen werden Dir untrüglich Deinen Weg aufzeigen und so wirst Du ganz automatisch viele Deiner Pläne aufgeben und Dich einfach dem jeweiligen Moment hingeben.

Intuition

Als Kinder haben wir alle noch diese unschätzbar wertvolle Gabe in uns, die wir Intuition nennen. Sie ist ein untrügliches Gespür dafür, ob wir unserer Seele folgen, die stets das Beste für uns will, oder ob wir uns quasi auf einem Holzweg befinden.

Kinder handeln also ganz selbstverständlich aus dem Bauch heraus, weil sie ihren Verstand noch nicht so einsetzen können, wie ein Erwachsener dies tut. Erwachsene überlegen in den verschiedensten Situationen, welche Konsequenzen ihr jeweils gewähltes Handeln nach sich ziehen könnte und treffen ihre Entscheidung meist danach, was für sie am Einfachsten und Vorteilhaftesten erscheint. Ein Kind käme auf solch eine Idee gar nicht, weil diese Art zu Handeln voraussetzt, dass man schon einige Erfahrungen sammeln konnte. Es ist also zunächst völlig unbedarft und denkt nicht an irgendwelche Konsequenzen. Es handelt einfach aus einer inneren Freiheit heraus.

Aber alle Kinder verlieren ihre Intuition Stück für Stück immer mehr, weil sie natürlich bemerken, dass um sie herum ein bestimmtes Bewertungsschema existiert. Da gibt es richtig und falsch, Gut und Böse, lieb und ungezogen, etc. Also tauschen sie ihre wertvolle Intuition unmerklich gegen einen alles zermalmenden Verstand ein. Natürlich hat der Verstand eine wichtige Funktion und es gibt durchaus Grenzen, die ein

Kind erfahren muss. Aber unser Verstand, unser Ego hat mittlerweile so einen großen Raum eingenommen, dass für ein gutes Bauchgefühl einfach keinerlei Platz mehr bleibt.

Wir Menschen haben die Angewohnheit, alles bewiesen haben zu müssen. Real ist immer nur das, was man auch belegen kann. Alles andere ist nur Humbug und wird schnell unter den Tisch gekehrt. Vielen Menschen sind solch, nicht belegbare Dinge einfach unheimlich. Sie können sich nicht darauf einlassen, weil sie für sie so unerklärlich erscheinen. Und selbst wenn man gewisse Phänomene belegen kann, wie beispielsweise die Quantenphysik, so ist es vielen immer noch nicht greifbar genug.

Nun setzen wir also als Erwachsene in jeder nur denkbaren Situation unseren Verstand ein, wägen ab, wie unser Gegenüber wohl auf welche unserer Handlungen wie reagiert und verstricken uns so in irgendwelche abstrusen Gedankenvorgänge. Je älter wir werden, desto mehr mahlen die Mühlen des Verstandes, weil er stets nach ähnlich erlebten Situationen sucht, die ihm vielleicht bei einer Entscheidung nützlich sein könnten. Das Problem bei dieser Art der Verstandes-Nutzung ist, dass wir gar nicht wirklich überlegen, was für uns persönlich das richtige in einer Situation ist, sondern wir sind mit den Gedanken stets bei unserem Gegenüber. Wir sind peinlich bedacht darauf, bloß keinen Fehler zu machen und den anderen keinesfalls in Missmut zu versetzen. Unsere große Angst ist stets, aus der Gunst unseres Gegenübers zu fallen und uns dadurch schlecht und schuldig zu fühlen. Das beginnt häufig schon in den kleinsten Alltags-Situationen.

Nehmen wir einfach mal ein Beispiel dazu. Stell Dir doch einfach vor, Du hättest eine sehr harte Arbeitswoche hinter Dir und freust Dich einfach darauf, am Freitag-Abend ein schönes heißes Bad zu nehmen und anschließend in aller Ruhe einen Film zu sehen. Nun kommt Deine beste Freundin und berichtet von einer sehr spontanen, aber für sie wichtigen Feier, die an diesem Freitag stattfindet und zu der sie Euch bereits verbindlich angemeldet hat. Dein erster Impuls wird sein, dass Du doch einfach so gerne einen ruhigen und gemütlichen Abend haben wolltest. Dieser Impuls wird aber sofort beiseitegeschoben – von Deinem Verstand. Der beginnt sich nämlich sofort zu fragen, was denn Deine Freundin wohl sagen würde, wenn Du ihr von Deinen wirklichen Plänen erzählst und ihr deshalb absagst. Du gehst davon aus, dass sie sauer oder enttäuscht sein würde. Du hast die Befürchtung, es könne Streit entstehen, den Du doch lieber vermeiden willst. Oder sie würde vielleicht eingeschnappt reagieren, alleine gehen und Dich so schnell nicht wieder bitten, sie irgendwohin zu begleiten, etc. Und jetzt ist spätestens klar, welche Entscheidung Du triffst: Du gehst mit zu der Feier, denn Dein Verstand hat klar entschieden, dass dies das Richtige ist.

Aber mit was für einem Gefühl gehst Du nun zu der Party? Im Grunde genommen hast Du überhaupt keine Lust. Und egal, wie sehr Du versuchst, das zu verbergen, jeder um Dich herum wird es dennoch spüren. Und innerlich gibst Du Deiner Freundin die Schuld daran, dass Du Dich nun so schlecht fühlst und irgendwie Wut verspürst, denn sie wollte schließlich, dass Du sie dorthin begleitest.

Was wäre denn gewesen, Du hättest tatsächlich auf Deinen ersten Impuls gehört und hättest Dir einen entspannten Abend für Dich gegönnt?

Ich bin mir sicher, Du hättest Dich auf jeden Fall wohler in Deiner Haut gefühlt, denn Du hättest Deine innere Kraft wieder aufgetankt, wogegen auch Deine Freundin sicherlich nichts gehabt hätte. Mit der Wahl, die Dein Verstand getroffen hat, wirst Du voraussichtlich das komplette Wochenende nur damit beschäftigt sein, sauer auf Deine Freundin zu sein.

Natürlich kann es sein, dass sie enttäuscht gewesen wäre, wenn sie hätte alleine gehen müssen. Aber ich bin mir sicher, sie hätte für Deine Entscheidung großes Verständnis gehabt, denn auch sie weiß, wie es sich anfühlt, völlig erledigt und gestresst zu sein und einfach seine Ruhe zu brauchen.

Dadurch, dass wir ständig unsere Entscheidungen mit dem Verstand treffen, sind wir überhaupt nicht mehr authentisch. Und wir spüren das sehr genau – auch gegenseitig. Denn es gibt immer die sichtbare Ebene, wenn wir miteinander kommunizieren und die unsichtbare Ebene. Du und Dein Gegenüber wissen sofort, ob das, was Ihr sagt, so gemeint ist, oder ob es nicht stimmt. Oder ob Eure Handlungen ehrlich sind oder nicht.

Dieses unsichtbare Wissen ist unsere Intuition. Sie ist ein untrüglicher Hinweisgeber, den wir permanent übergehen. So entsteht eine ganz merkwürdige Stimmung zwischen uns, die so greifbar ist, und dennoch wollen wir sie nicht wahrnehmen. Genau diese Ignoranz, die sich da jahrelang in uns aufgebaut hat, wirft uns permanent in schlechte Gefühle und wir wissen gar nicht, weshalb das so ist. Wir suchen die Schuld bei uns oder unserem Gegenüber und verstehen nicht, dass wir einfach nur „Opfer" unseres eigenen Verstandes geworden sind.

Wenn Du Dich auf dem Weg in die bedingungslose Liebe befindest, legst Du durch Deine vielen Hürden und Aufgaben Deine Intuition nach und nach ganz automatisch wieder frei. Du wirst sehr feinfühlig für diverse Stimmungen um Dich herum. Das ist oft eine sehr große Herausforderung, denn Du spürst jede kleine Unstimmigkeit sehr genau und musst aufpassen, Dich nicht in diese Gefühls-Strudel hineinziehen zu lassen. Aber Deine Intuition ist eine wunderbare Gabe, die Dir als wichtiges Werkzeug im Leben dienen kann.

Deine Intuition wird Dich auch stets ganz klar wissen lassen, dass die Liebe, die zwischen Dir und Deinem Partner besteht ganz real existiert und keinerlei Zweifel bedarf.

Und gerade in Zeiten, in denen Ihr Euch lange Zeit nicht seht, werden Dich Deine Familie und Freunde immer wieder fragen, wie Du Dir so sicher sein kannst, dass dieser Mann Dich immer noch liebt, wenn er es Dir doch vielleicht gar nicht konkret gesagt hat. Und Du kannst Ihnen dieses Wissen nicht erklären, aber Du kannst aus tiefstem Herzen sagen, dass es so ist.

Du wirst feststellen, dass sie Dich daraufhin erstaunt ansehen werden, aber sie nicht weiter nachbohren, denn sie spüren, dass Du Recht hast. Sie wissen nichts von dieser unsichtbaren Kommunikations-Ebene – die, von Herz zu Herz. Aber Du weißt darum Bescheid und so weißt Du auch, wie Du Menschen erreichen kannst.

Dies ist keine Manipulation, sondern einfach nur urnatürliches Verhalten. Manipulieren tut nur unser Verstand. Deshalb fühlen wir uns auch häufig so schlecht. Aber solange wir nichts von unserer Intuition wissen oder wissen wollen, wird dieses schlechte Gefühl anhalten, weil wir unehrlich mit uns selber und mit unseren Mitmenschen sind. Wir belügen uns permanent und wundern uns dann noch, dass ein gemeinsames Miteinander so schwierig ist.

Sobald Du Deine Intuition wirklich freigelegt hast, ändert sich einfach alles – in Dir und auch um Dich herum. Du enttarnst plötzlich diverse Machtspiele und Du weißt einfach, wann sich jemand nicht authentisch verhält. Und nun kannst Du ganz anders auf Deine Mitmenschen reagieren und Dich für Deine wirklichen Bedürfnisse einsetzen. Das wird Dir auch immer einiges an Gegenwind entgegenbringen, aber solange Du Deine Entscheidungen aus Deiner eigenen Wahrheit heraus triffst und autark bist, wird Dich Ihr Verhalten nicht wirklich verletzen können.

Deine Intuition weiß auch um die Zusammenhänge aller Dinge und wird so nie nur ausschließlich die richtige Entscheidung für Dich selber treffen, sondern auch immer Dein Gegenüber mit einbeziehen.

Deine Intuition macht Dich frei und unabhängig. Sie ist tatsächlich Dein wichtigstes Werkzeug und schenkt Dir eine unglaubliche Ruhe und Gelassenheit, wenn Du sie zu nutzen weißt.

Für Dich und Deinen Partner ist dieser urnatürliche Instinkt unentbehrlich, denn sie weist Euch stets die richtige Richtung. So braucht Ihr keinerlei Worte, um Euch zu verstehen. Worte sind oft eher hinderlich, denn solange Ihr noch nicht wirklich authentisch seid, benutzt Ihr unbewusst Masken. Aber da Ihr Euch gegenseitig durchschauen könnt, führt das oft nur zu Missverständnissen.

Hört auf die leise Stimme in Euch, dann wird alles etwas leichter.

In vielen Situationen wirst Du aber auch immer wieder feststellen, dass ein immenses Stimmgewirr in Dir herrscht und Du einfach nicht mehr weißt, was denn nun das richtige zu tun wäre. Hier hilft es nur, so lange abzuwarten, bis das Stimmgewirr wieder nachlässt. Das kann manchmal eine ganze Zeit lang dauern. Aber gönn Dir diese Zeit und handle nicht vorschnell, denn Überreaktionen beruhen nie auf Intuitions-Entscheidungen.

Mit der Zeit, wenn Du Dich besser kennengelernt hast, lernst Du, Dein Werkzeug gut zu nutzen. Und Du wirst feststellen, dass Du diese Gabe niemals wieder missen möchtest.

Dankbarkeit

Dankbarkeit ist der Schlüssel zu Innerem Reichtum

Kennst Du das Gefühl, total dankbar für etwas zu sein? Es ist ein Gefühl, dass Deinen Körper in völlige Entspannung versetzt und zeitgleich so viele Glückshormone ausgeschüttet werden, dass Du voller Energie bist. Du fühlst eine unbändige Freude ganz tief in Dir drin, die Dir förmlich Flügel verleiht.

Leider ist Dankbarkeit zeigen eine Eigenschaft, die viele von uns verlernt oder auch gar nicht erst erlernt haben. Es ist eher so, dass wir das, was uns im alltäglichen Leben begegnet, als eine völlige Selbstverständlichkeit ansehen. Die innere Freude fehlt irgendwie, weil wir gar nicht mehr wirklich zu schätzen wissen, was uns in unserem Leben alles geboten wird, ohne, dass wir irgendetwas dafür tun müssten. Lass es ein Meer von Blumen sein, die Geburt eines Kindes, den überraschenden Besuch eines alten Bekannten, den wir lange nicht gesehen haben, oder so unendlich vieles mehr. Ganz abgesehen von all den Nahrungsmitteln, Heilkräutern, etc., die uns die Natur einfach so zur Verfügung stellt.

Da stellt sich die Frage, wieso manche Menschen so unglücklich und undankbar sind. Es gibt etwas in unserem Inneren, dass wir alle spüren und das wir als sehr unangenehm empfinden. Da ist eine Leere in uns, eine Leere, die wir ständig versuchen, aufzufüllen oder auffüllen zu lassen. Jeder Mensch hat da individuelle Strategien entwickelt, um ja nicht diese Leere zu fühlen und aushalten zu müssen. Der Griff zu diversen Suchtmitteln ist beispielsweise ein solcher Fluchtversuch vor eben dieser inneren Leere. Manche Menschen suchen die Erfüllung im Alkohol, in Zigaretten oder unkontrolliertem Essverhalten. Andere kaufen ständig irgendwelche unnützen Dinge, betreiben Extremsportarten oder suchen Dauerbefriedigung durch Sex. Das sind nur ein paar Möglichkeiten, eine Erfüllung zu finden, die uns vor der Leere schützen soll. Aber auch, wenn wir durch unsere Süchte für kurze Zeit eine Erleichterung finden und dankbar für den momentanen Zustand sind, so holt uns die Leere doch immer wieder ein! Irgendwie glauben wir Menschen auch alle, dass uns ein Partner an der Seite so glücklich machen kann, dass damit endlich dieses innere Loch verschwindet. Aber dies ist ein fataler Irrglaube! Niemand kann diese Leere, diese Sehnsucht in uns stillen, schon gar nicht ein anderer Mensch außer uns selbst.

Die Sehnsucht entspringt einem gefühlten Mangel in uns. Und Mangel wollen wir immer beseitigen. Also versuchen wir, uns eine Erfüllung zu verschaffen. Das ist verständlich, aber leider völlig wirkungslos. Wir müssen auch diese Leere als einen Teil von uns annehmen.

Menschen, die den ganzen Tag nur klagen und schimpfen, verhärten innerlich. Ihre schlechte Laune vergiftet sie selbst, ebenso wie ihr gesamtes Umfeld. Solche „Opfer" wissen nicht einmal, wofür sie denn überhaupt dankbar sein sollten. Schließlich meint das Leben es ja immerzu nur schlecht mit ihnen. Ständig hetzen sie von einem Termin zum nächsten, stopfen sich dabei zwischendurch an irgendeiner Ecke schnell eine Ladung Fastfood in den Mund und arbeiten bis in die späten Abendstunden. Sie fallen müde ins Bett, können aber vor lauter innerer Unruhe kaum Schlaf finden und wundern sich noch darüber, weshalb es ihnen so schlecht geht. Mit der Kommunikation untereinander will es auch nicht mehr so richtig klappen, denn dank Handy, Computer und anderen technischen Hilfsmitteln haben sie verlernt, in natürlichen Kontakt mit anderen Menschen zu treten. Auch in Beziehungen wird es zunehmend schwieriger, weil die Partner ständig aneinander vorbei reden- und leben. Alle müssen immer nur noch funktionieren – auch die Kinder! – sonst funktioniert das gesamte System nicht mehr.

Vielleicht klingt das alles ein bisschen übertrieben, aber genau auf solche Umstände steuern wir immer mehr zu und bemerken es nicht einmal. Und so ausgelaugt und überfordert sich jeder Einzelne dann fühlt, gibt es wohl auch eher keinen Grund, dankbar für irgendetwas zu sein.

Hast Du Dich einmal auf den Weg der bedingungslosen Liebe eingelassen, wirst Du lernen, dankbar zu sein für alles, was Dir begegnet, weil Du hinter allem einen Sinn entdecken kannst. Du weißt irgendwann einfach, dass alles in Deinem Leben einen Sinn hat und nichts, aber auch wirklich gar nichts, zufällig geschieht. Die Dankbarkeit wird zu einem persönlichen Motor, der Dich immer weiter vorantreibt.

Wenn Dir ein wunderbarer Partner begegnet, mit dem Du Dich auf das Abenteuer „Leben" einlässt, wirst Du mit jedem Tag ein bisschen mehr Dankbarkeit in Deinem Herzen fühlen. Und das nicht nur in Bezug auf Dinge und Begebenheiten, die wir grundsätzlich als positiv bewerten, sondern Du wirst ebenfalls dankbar sein für all die Herausforderungen und eher „negativen" Erlebnisse, die Dir begegnen.

Natürlich ist das nicht von Anfang an so, denn Du wirst erst im Laufe des Prozesses erkennen, wofür all die Hürden ihren Nutzen hatten. Dein Ego muss erst ein ganz großes Stück seiner Macht verloren haben, denn solange das Ego noch die tragende Rolle in Dir übernimmt, wird es niemals reichen, was ein anderer für Dich tut.

Wirfst Du einen Blick zurück, wirst Du erkennen: Egal, wie gut es jemand mit Dir meinte, wie viel er Dir zu geben hatte oder wie sehr er sich angestrengte, es reichte nie! Im ersten Moment schätztest Du es vielleicht noch ein bisschen wert, aber dann hattest Du bereits neue Bedingungen, die Du an den anderen stelltest. Das galt ganz besonders für Deinen Partner. Dein Ego schien lange Zeit unersättlich zu sein.

Nun aber, wo Dein Ego und Deine Seele endlich gemeinsam in Dir wirken dürfen, siehst Du plötzlich alles mit anderen Augen. Du erkennst, wie anmaßend und überheblich Du Dich in Deinem bisherigen Leben verhalten hast. Es war wirklich nie genug. Die Leere, die Du versuchtest, von anderen, insbesondere aber auch von Deinem Partner auffüllen zu lassen, kam stets wieder zu Dir zurück. Und um sie wieder verschwinden zu lassen, brauchte es eine erneute Erfüllung, die durch erneute Bedingungen geschaffen werden sollte.

Jetzt erkennst Du den Irrsinn! Und Du unterbrichst ihn – radikal! Denn Du musstest auf Deinem ganz individuellen Weg lernen, Dir all das, was Du Dir so sehr wünschtest, selbst zu erfüllen. Du begreifst immer mehr, dass Du Dir selber Erfüllung verschaffen kannst und Du niemanden stellvertretend dafür benutzend musst und darfst.

Du erlebst nun Erfüllung durch Dein SO SEIN, durch Dein aktives Handeln für Dich selber, ganz unabhängig von anderen. Und Du entdeckst, was für ein unbeschreiblich schönes Gefühl das ist, auf eigenen Beinen zu stehen. Forderungen an andere für die Erfüllung Deiner Zwecke stellst Du nicht mehr. Mittlerweile bist Du sehr genügsam geworden und entfaltest Dich aus Deiner Eigenverantwortung heraus. Dadurch werden solche Glücksgefühle in Dir geweckt, die Deine Kreativität immer wieder neu zum Sprudeln bringen und Du einfach nur Dankbarkeit für das empfindest, was Du alleine schaffen kannst.

Endlich kannst Du auch das, was ein anderer Dir zu geben hat, wertfrei annehmen und weißt es aus tiefstem Herzen zu schätzen. Du fühlst Dich einfach reich beschenkt. Und für diese Geschenke bist Du einfach unendlich dankbar!

Das nennt man auch das weibliche Prinzip. Das weibliche Prinzip dient immer nur sich selbst, nicht jemand anderem.

Du tust etwas aus Deiner tiefen Überzeugung heraus, ohne Dir Gedanken darüber zu machen, ob das anderen nun gefällt oder nicht. Wichtig ist einzig und allein, dass Du in Deinem TUN Erfüllung für DICH SELBST findest. Ja, die Leere wird Dich auch immer mal wieder heimsuchen, aber Du kannst auch sie nun einfach DA SEIN lassen, ohne sie permanent wegdrängen zu wollen, oder sie sofort mit irgendetwas auffüllen zu müssen. Du bist nun auch dankbar für die Leere, denn sie ist ein Teil von Dir, wie so vieles andere auch und darf es endlich auch sein. Endlich kannst Du auch sie zulassen!

Deine Aura beginnt durch Deine tiefe Dankbarkeit immer mehr zu leuchten. Du hast ein Charisma in Dir erschaffen, das den wahren Krieger des Herzens langsam aus seinem Versteck lockt. Nun will Dein Herzensmann Dich erobern, Dir seine Wertschätzung, seinen Respekt und seine Zuneigung zeigen. Denn Du kannst es endlich einfach annehmen, ganz ohne Erwartungen und ohne selbst aktiv zu werden. Du kennst jetzt endlich Deinen Wert und lässt Dir seine Bemühungen einfach gefallen. Du lernst Ihn nun ebenfalls ganz anders wertzuschätzen und bis dankbar für sein starkes Herz und seine liebevolle, starke Seele. Du bist dankbar für das Vertrauen, das Du auf Deinem Weg gewonnen hast und genießt Deine innere Freiheit.

So ist die Dankbarkeit zu Deinem persönlichen Schlüssel zu innerem Reichtum geworden.

III
Grenzenlos

Winzig ist die Welt ohne einen Seelenpartner, klein ist die Chance einen zu finden.

Groß war die Überraschung, als ich Dich
traf.

Riesig ist die Welt, seit wir uns (wieder)
gefunden haben

Erkennen

Die Geburt des Schmetterlings

Ein Wissenschaftler beobachtete einen Schmetterling und sah, wie sehr sich dieser bemühte, durch das enge Loch aus dem Kokon zu schlüpfen. Stundenlang kämpfte der Schmetterling, um sich daraus zu befreien. Da bekam der Wissenschaftler Mitleid mit dem Tier, holte ein Messer aus der Küche und weitete vorsichtig das Loch im Kokon, damit sich der Schmetterling leichter befreien konnte.

Der Schmetterling entschlüpfte leicht. Doch was der Mann dann zu sehen bekam, erschreckte ihn doch sehr. Das Wesen, das da entschlüpft war, war ein Krüppel. Die Flügel waren ganz kurz und er konnte nur flattern, aber nicht richtig fliegen.

Da ging der Wissenschaftler zu einem Biologen und wollte von ihm wissen, weshalb dieser Schmetterling nicht wirklich fliegen könne. Der Biologe fragte ihn, was er denn mit dem Tier gemacht hätte. Da erzählte der Wissenschaftler, dass er dem kleinen Geschöpf geholfen hatte sich aus dem Kokon zu befreien.

„Das war das schlimmste, was Du tun konntest", sagte der Biologe. „Denn durch die enge Öffnung ist der Schmetterling gezwungen, sich hindurch zu pressen. Erst dadurch werden seine Flügel aus

dem Körper herausgequetscht und wenn er dann ganz ausge-
schlüpft ist, kann er fliegen. Weil Du ihm geholfen hast und ihm
den Schmerz ersparen wolltest, hast Du ihm zwar kurzfristig geholfen, aber langfristig zum Krüppel gemacht."

Wir brauchen manchmal den härtesten, mühsamsten und schmerz-
haftesten Weg, um uns wirklich entfalten zu können. Deshalb ist
die Not oft notwendig – als Entwicklungschance, die wir nutzen
können.

Verfasser Unbekannt

Es kommt eines Tages der Punkt, an dem Du genau
spürst: Du hast es geschafft! Du bist in der bedingungslosen
Liebe angekommen – in DIR selber. Natürlich bedeutet das
nicht, dass Du all Deine Bedingungen komplett hinter Dir
gelassen hast. Das wäre hier auf der Welt eine utopische Vorstellung. Aber Du erkennst, dass Du lieben kannst, ohne im
Gegenzug etwas von jemand anderem zurück zu erwarten.
Nun weißt Du wirklich, was grenzenlose Liebe ist! Du spürst
sie förmlich! Sie hat sich in Deinem Herzen ausgedehnt und
dieses Gefühl, das sich durch eine absolute Leichtigkeit,
Freude und innerer Freiheit ausdrückt, durchströmt nun
auch Deinen ganzen Körper. Denn das, was Du auf einmal
glasklar erkennst ist: die Liebe, die Du hier fühlst, ist nicht
einzig und alleine Deine Liebe. Du spürst auch die unendliche Liebe Deines Partners, die Dich auf dem ganzen Weg
immerzu begleitet hat.

Du wusstest von Anfang an, dass es Liebe ist, die Euch verbindet, aber Du kanntest ihr Ausmaß nicht. Da war kein wirkliches Vertrauen in Dir.

Während Du in den Anfangsphasen alles Mögliche versucht hast, um mit diesem wunderbaren Mann entweder zusammenzukommen oder Dich von ihm loszulösen, hast Du mehr und mehr erkannt, dass bedingungslose Liebe auch bedeutet, Dich von äußerlichen Beziehungsformen, Wünschen, etc. völlig frei zu machen. Du weißt plötzlich, dass es nicht wichtig ist, ob Ihr ein Leben in einer festen Beziehung führt oder ob Ihr auf getrennten Wegen weitergeht. Eines ist Euch nämlich gewiss: die Liebe Eures Partners wird Euch Euer ganzes Leben hindurch weiter begleiten.

Diese Liebe hat Dir und Deinem Partner geholfen, Euch selber zu erkennen. Du bist in Dir selber gewachsen, hast Dich angenommen mit all Deinen Stärken und all Deinen Schwächen. Du hast Dir ebenfalls Deine tiefste Dunkelheit angeschaut und festgestellt, dass auch sie ein Teil von Dir ist. Ein Teil, der seine Schrecken mehr und mehr verloren hat! Und so hast Du nicht nur Dich selber immer besser kennen- und verstehen gelernt, sondern auch alle anderen Menschen um Dich herum.

Du hast erkennen können, dass jeder einzelne Mensch hier auf der Erde ebenfalls auf der Suche nach der bedingungslosen Liebe ist. Jeder auf seine eigene Art. Manche Menschen stehen sich dabei immer wieder selber im Weg und treffen doch immer wieder die Wahl, den bequemeren Weg weiter zu gehen. Aber auch das ist nicht schlimm, denn Du weißt mittlerweile sehr genau, dass jeder selber entscheidet, welche Richtung er einschlägt. Du hast erkannt, dass Du niemandem seinen individuellen Weg, und die damit verbundenen Hürden abnehmen kannst und darfst. Denn wachsen kann jeder nur für sich und dazu braucht es (De)Mut, Hingabe an das Leben.

Sieh es wie die Geschichte vom Schmetterling. Wenn Du einem anderen Menschen versuchst, aktiv zu helfen, ihm vielleicht versuchst, Deinen eigenen Weg aufzudrängen, etc., dann wird er nicht seine volle Schönheit und Größe entfalten können, weil ihm die Arbeit einfach abgenommen wurde und er viele Zusammenhänge so gar nicht verstehen kann.

Begreife, dass jeder seinen ganz eigenen Weg hat, auch, wenn wir aus dem gleichen Stoff gewirkt sind. Dennoch hat jeder Mensch sein eigenes Leben und darf es für sich selber entdecken! Oftmals maßen wir uns an, zu wissen, was der andere gerade braucht. Aber das können wir gar nicht wissen! Wir können nicht einmal erahnen, was ein anderer Mensch gerade für das Weiterkommen in seinem Leben, auf seinem individuellen Weg braucht. Wir sehen nur einen kleinen Ausschnitt und bilden uns unser Urteil. Aber das Große und Ganze hinter den Dingen können wir einfach nicht sehen. Es steht nicht in unserem Ermessen oder gar in unserer Macht, uns in das Leben eines anderen Menschen einzumischen. Auch das haben wir auf unserem Weg gelernt.

Natürlich dürfen wir uns gegenseitig unterstützen, uns inspirieren, und können gemeinsam auch Großartiges bewirken. Aber letztendlich trifft jeder von uns seine eigenen Entscheidungen – immer für sich selbst.

Nun wissen wir es auch ganz anders zu schätzen, wenn uns jemand etwas entgegenbringt, weil wir es einfach annehmen können – als ein Geschenk. Und wir können geben – ohne eine Erwartung zu haben, etwas zurückzuerhalten, schon gar nicht etwas Bestimmtes! Und Geschenke sind nicht nur die schönen, angenehmen Dinge, die uns entgegengebracht werden. Oftmals sind es eben auch die unschönen Dinge. Sie bringen uns häufig am schnellsten voran. Und sobald wir aufhören, Bewertungen über etwas vorzunehmen, wird das Annehmen noch einmal ein Stück leichter. Es gibt nicht nur gut und schlecht, nicht nur schwarz und weiß, sondern so unzählig viel mehr.

Kurz bevor Du erkennst, dass Du wirklich in der Liebe angekommen bist, fühlt es sich zunächst noch einmal ganz scheißlich an! Du hast das Gefühl, von aller Welt abgeschnitten zu sein, ein enormer Druck wütet da nun in Deinem Inneren und Du bist wie betäubt. Mit niemandem kannst Du diese Gefühle teilen, weil Du einfach weißt, dass Dich niemand verstehen würde. Es ist also in gewisser Weise so, als wärst Du in einen Kokon eingehüllt. Du musst nun all das, was da gerade in Deinem Inneren passiert, noch einmal ganz bewusst aushalten. Zwischendurch denkst Du immer wieder, dass Dich dieser innere Prozess zerreißen würde. Noch einmal durchlebst Du eine immense Verlustangst. Das geht so lange, bis Dein Innerstes wirklich absolut kapituliert. Bereits in den vorherigen Zyklen hattest Du immer wieder bemerkt, wie tiefgehend der Loslass-Prozess voranschritt, den es brauchte, um auf die nächst- höhere Ebene zu gelangen.

Dieses Mal musst Du einen kompletten Kontroll-Verlust in Kauf nehmen. Jeglicher Widerstand in Dir verlässt Dich plötzlich und Du spürst, wie ein unglaublicher Druck von Dir abfällt!

Und dann breitet sich dieses warme, wohlige Gefühl in Dir aus und Du weißt einfach: Du bist angekommen – in DIR! In der Liebe - in der GRENZENLOSEN LIEBE!

Egal, was noch passiert in Deinem Leben, egal, was andere Menschen von Dir halten und wie sie Dich behandeln, Du lebst einfach Dein Leben, so, wie Du es für richtig hältst und gestehst jedem anderen das gleiche zu.

Du hast auch keine Angst mehr vor Ablehnung, denn Du hast auf Deinem Weg auch erkannt, dass jeder Mensch diese Angst in sich trägt und einfach Strategien entwickelt, mit dieser Angst umzugehen. Du siehst die Menschen hinter ihren Masken, hinter ihrer Fassade und wirst niemandem das Gefühl vermitteln, ungewollt zu sein. Du lädst Menschen ein, in Dein Leben hineinzukommen, kannst aber auch akzeptieren, wenn sie die Einladung ablehnen, ohne dabei schlecht über sie zu urteilen.

Danke Gott, dass er Dir einen so starken Partner mit auf den Weg gegeben hat und freue Dich darüber, dass Du die wilde, erwachte Frau in Dir erwecken durftest.

Sie schlummerte viele Jahre in Dir und wartete nur darauf, auch wirklich (an)gesehen zu werden ☺

Nun, wo Du vollkommen losgelassen hast, kann auch Dein Partner den letzten Schliff bei sich vornehmen, sich seinen tiefsten Ängsten stellen und seinen inneren Krieger erwecken.

Nachwort

Das Nachwort möchte ich gerne als eine persönliche Danksagung nutzen.

Zunächst einmal danke ich Dir, Gott von ganzem Herzen, dass Du diesen wunderbaren Mann in mein Leben gebracht hast! Ich weiß, viele Zusammenhänge meines Lebens, meiner angelernter Muster und Verhaltensweisen hätte ich ohne diese große Liebe niemals erkennen und daran arbeiten können.

Durch diese Begegnung hast Du es mir ermöglicht, die Liebe und das Leben mit anderen Augen zu sehen und mich befreit von den Erwartungshaltungen anderer Menschen. Ich weiß, ich darf und kann mein Leben nun so leben, wie ich es für richtig halte, ohne mich von anderen beeinflussen zu lassen. Du hast mich innerlich wachsen lassen und dafür danke ich Dir an jedem neuen Tag!

Ich danke Euch, Mama und Papa, die Ihr mich mit viel Liebe habt aufwachsen lassen. Ihr habt mich auf ein Leben in der Gesellschaft vorbereitet und versucht, mir jeden Stein aus dem Weg zu räumen, der sich mir zeigte. Heute weiß ich, dass jeder die Steine selber wegräumen muss, aber Ihr habt es für mich aus Liebe getan und das weiß ich wirklich sehr zu schätzen! Ich liebe Euch von ganzem Herzen!

Ihr habt mich zudem in vielen außergewöhnlichen Ideen und Projekten unterstützt, obwohl Ihr mich sicherlich oft für verrückt gehalten habt ;-)

Ich bin dankbar, dass Ihr während meines Wachstums ebenfalls in gewissem Maße mitgewachsen seid und wir uns heute ganz anders begegnen können. Euer kleines Mädchen ist aus seinen Kinderschuhen entwachsen und nun ganz Frau ☺

Und ich möchte mich bedanken bei Dir, mein Herz! Ich bin unfassbar glücklich, dass sich unsere Wege gekreuzt haben und wir gemeinsam auf eine unglaubliche Reise gehen durften. Eine Reise, die uns mit allen Gefühlen überrollt hat, die sich ein Mensch nur vorstellen kann. Ich erlebte das höchste Glücksgefühl und Liebe pur. Aber auch die tiefste Angst, Dunkelheit und einen nie gekannten Schmerz. Fast glaubte ich, als Du mich alleine ließest, ohne Dich sei ein Teil in mir gestorben. Dass Du trotz der zunächst räumlichen Trennung immerzu bei mir sein würdest, habe ich erst im Laufe der Zeit begriffen.

Eine leise Stimme hat mir zudem immer wieder zugeflüstert, dass Du wiederkommst und daran hatte ich keinen Zweifel!

Erinnerst Du Dich an unsere mystische erste Zeit? Alles war wie ein Märchen. So schön, dass wir nicht glauben konnten, es wirklich zu erleben. Jeder Moment, den ich mit Dir verbracht habe war wie ein Geschenk des Himmels. Dich gefunden zu haben war die Erfüllung meines größten Traums und ich hätte gerne jeden einzelnen Augenblick bis in alle Ewigkeit mit Dir geteilt.

Doch es war noch nicht die Zeit für uns gekommen und so mussten sich unsere Wege zunächst wieder trennen. In meinem großen Schmerz sah ich die Welt um mich herum nur noch in dunklen Farben und jede Freude war aus meiner Seele gewichen.

Ja, das war schmerzvoll und furchtbar. Und doch war es genau das, was ich so sehr gebraucht habe, um mich auf meinen eigenen Weg *zu begeben. Ich habe begonnen, Antworten zu suchen. Antworten nach dem Warum. Ich konnte nicht verstehen, wie Gott mir etwas so Wertvolles schenken kann und es mir dann so urplötzlich wieder entreißt.*

Wem sollte ich denn noch vertrauen, wenn nicht mal mehr Gott es gut mit mir meinte?!

Nach und nach fand ich Antworten und alles setzte sich langsam wie ein magisches Puzzle zusammen. Es wurde wieder leichter in mir, weil ich trotz unserer getrennten Wege immerzu Dich in meinem Herzen mit mir trug. Es gab nicht einen einzigen Tag, an dem Du nicht präsent gewesen wärst! Du begleitetest mich in meinem Herzen und in meinen Gedanken und der Glaube daran, dass wir für etwas Größeres bestimmt sind, hat mich immer weiter getragen.

Ich danke Dir, dass Du mich in all der Zeit niemals losgelassen hast! Dein Herz war immer mit meinem verbunden und das hat mich innerlich stark gemacht.

Und als Du nach langer Zeit wieder sanft und behutsam zu mir zurückkamst, fühlte ich, dass sich etwas verändert hatte. All die Liebe, die wir ohnehin schon füreinander empfanden, war in unserer Trennungszeit noch viel größer geworden. Tiefer, als ich es mir je hätte vorstellen können.

Doch ich erkannte auch, dass nun, wo ich meine größten Ängste bereits durchlebt hatte, Deine noch auf Dich warteten.

Wie gerne hätte ich Dich in Deinem Schmerz gehalten, doch ich wusste, dass auch Du alleine durch ihn hindurchgehen müsstest. Einem Schmetterling darf man in seinem Schlüpf-Prozess nun einmal nicht helfen. Er muss es alleine schaffen. Aber ich wusste auch, dass Du stark genug dafür bist, denn ich war es auch.

Mein Herz, ich liebe Dich für all das, was Du bist! Du bist mein Zuhause, mein Mann, mein Geliebter!

Was für ein Geschenk, Dir begegnet zu sein!!!

Zeitfracht Medien GmbH
Ferdinand-Jühlke-Straße 7
99095 Erfurt, Deutschland
produktsicherheit@kolibri360.de